U0019717

旅行一瞬

捷克、匈牙利、丹麥、冰島的行旅剪影

余欣蓓 著/攝影

所有的旅行
都是記憶的斷面，
在那個斷面，
有人世的浮生掠影。

第一部曲——海的遙望

謹以這本書紀念那段瘟疫前的奇幻歐洲，
獻給所有在命中注定相遇的人，
與旅途的歸人。

目錄

01

捷克・布拉格

02

匈牙利・布達佩斯

03

丹麥・哥本哈根

04

冰島・雷克雅維克

巴黎：返家與大旅行

在巴黎待了四年，所有的人事物都浸淫著我，讓我在當中沉醉迷茫。安說：「所有留在巴黎的人，都有一個回不去的理由。」我越來越回不去台灣了，像是住在浦島太郎的海龍宮裡，流連忘返。外面的世界已經漸漸老去，而我還在我的讀詩、看劇、電影般如夢世界，遲遲忘歸。

夜裡下著雨，窗外一切如詩。我供著花住在小小的屋子裡，忽忽就感到歸途。彷彿恍惚間看到母親慈愛的臉、遠方的親人、我的摯友們，浦島太郎從海龍宮離開，回到岸上，我也要回到我的岸上了。我向如親人般的巴黎朋友一一道別，一切家當都已海運完畢，剩下空空的屋子，橘黃燈下是牆上原屋主 Novellino 留下的西藏唐卡與裸女圖。

回台灣之前我想給自己一趟洗塵，刻在心中的想念要開始沿途丟棄。歐洲清涼的五月天，我訂下了近百日的旅行計畫。從布拉格開始，一路沿海航行，直到希臘，再回來巴黎。一位女子的獨自環歐旅程，巴黎夢中般的歲月再見了，最後一夜，我在窗外的雨聲中，開始靜靜地打包大旅行前的行李，闃無人聲，只有書櫃上的骷髏頭詩集，仰著頭正定定看著我呢。

此刻身心是準備好的，節奏也是適合旅行的，除了有點夜咳、微微感冒前兆，一切都好，該記下的手記上自己叮嚀一遍，心中已安，夜色中沉沉睡去，戴高樂機場七點的飛機，只剩幾個小時可睡了。這是我啟程前在巴黎的最後一夜。

最後回望

時序是清晨五點，巴黎之霧迎面撲來，分不清是黑夜還是黎明，我拖著行李箱穿過閉著眼都能看到它形狀的聖．索菲合（Saint-Sauveur）小巷，轉角就是通往中央市場（Les Halles）地鐵的蒙多格耶街。清晨五點的小巷，蒙多格耶街上（Reu Montorgueil）的生氣蓬勃已經開張，小巷上的生鮮果菜店就在鼎鼎大名的左拉小說筆下 Au Rocher de Cancale 咖啡館的隔壁，如今咖啡館的大門深鎖，五點太早，七點才開張，然而隔鄰的生鮮蔬果店已經迫不及待地與鳥聲一同喧囂起來。

這條巴黎有名的徒步街，素時是不能有車子來往的，美麗的大街熟門熟路的人會尋路來訪，跟團緊湊的人就無緣窺見。這條名登巴黎最古老之一的街道，四百年來維持著巷弄活力，雨後的石子路發光起來，如同一面鏡子，將它一次又一次洗滌煥新。此際趁著清晨尚未道路管制，果菜車曙色中低調進來，一籃籃木櫃般的果菜櫃被運貨工人整齊地從貨櫃車上拿起再放到地上，老闆和工人用著起子把比人還高的果菜櫃，一格格架上手動推車，再俐落地滑進商店裡。一旁老闆娘已經開始熟稔地捻開果菜櫃上的燈，在展售台上俐落地擺起一撮撮巴黎最道地三角堆水果擺設，桑葚、草莓、無花果、奇異果、野番茄、櫛瓜等各式蔬果，紛紛小山般堆疊起來。

我緊握手中的小登機箱手把，這將是我此行環歐全部的家當。行李如此輕便，使我想起去年在一場大風雪中奔赴義大利旅行，我也是這樣推著小小的行李箱在清晨時分經過這間生鮮果菜行前，彷彿只是那場梵諦岡般四天三夜的小旅行，一周內即將回來。只是這次，巴黎家中已無長物，所有牽掛寄回台灣，巴黎不再是歸途。

忍不住多望幾眼，寶藍天色中漸漸亮起的幾盞夜下橘燈，花店已經開始開張整理，香腸起司店前的烤雞箱開始放上旋轉盤熱火。巴黎在我眼中不是慵懶的樣子，而是充滿活力、露天市場擺攤、店家經營火熱的人性之地。我喜歡攤販們眼中熾熱、做買賣也要跟你交心的眼神，我也喜歡他們在店家門口吆喝，買兩籃送一籃草莓的引誘和挑眉。

天色微光，不遠處快接近蒙多格耶街底的聖．雨歐答歐教堂（Saint-Eustache）的美麗屋頂就在曙光間露臉了。這間教堂有著全巴黎最古老的管風琴，面向它可以看到完整的哥德式大教堂建築，好幾次我心不安時就坐在教堂的大圓窗前望著表演的街頭藝人，看行人來去。這裡還聚集了為數不少的巴黎街友，每個星期教堂都有一個晚上專門為街友備飯、準備活動。清晨微光，此際教堂前也圍繞了三三兩兩的毯子，沉睡中的街友無話，樹下的片刻清涼就是人世中最大的安慰。

巴黎，美麗而令人又時不時因恐攻而緊繃著的巴黎，浸淫其中而又令人恍惚間出離神遊的巴黎，短短一條到機場之路，竟又是千迴百轉地將這段時日的巴黎剪影，淡淡地回望了一次。大旅行前的最後一夜，沒有太多躊躇，就在石子路的趕路中，坐上了往戴高樂機場的火車。

1

布拉格

捷克

Prague

達古拉澡堂的呼喚

來到布拉格是夏天，溫度是出人意外的涼爽，夏日裡的美好溫度二十三度。此刻巴黎正在溫室效應，溫度攀高到三十八度。這樣的溫度在台灣夏日司空見慣，在巴黎，可以想像已是煉獄。

記得前一年夏日在巴黎中文教學課的行政教室裡，天氣驟熱，那是令人措手不及的溫度，陡然悶熱就來到。雖說歐洲不像亞洲水氣濕熱，帶來夏日的悶鍋難耐，但毫無冷氣的防備，能夠讓暖化歐洲瞬間將人融化。行政教室裡，哀號遍野，老師們說著前一日去 Monoprix 賣場也買不到電風扇，特地跑到 Castorama 大賣場也沒有，全家就這樣攤屍狀等著風來拯救，可惜又無風。聽得我都要為他們的耐熱致上默哀，但也只能如此。沒有就是沒有，巴黎的夏日悶熱頂多就是十來天，最多一個月，對於這樣短短天氣的悶熱，電扇的確是個不濟長日的傢伙，就像為了賞一個月的蘭花，必須看它長達十一個月的枯枝一樣。

七月初，白蛇傳裡盛暑的季節，我坐上易捷（easy Jet）飛機來到布拉格。捷克，充滿神祕的東歐國度，早在蔡依林《布拉格廣場》這曲紅遍亞洲之前，我想到的是大學時期哲學課的必讀課外書《生命中不可承受之輕》（改編成電影《布拉格的春天》）。米蘭昆德拉在流亡法國多年，終於以法文書寫取代捷克語書寫的大半文學生命之後，他到底歸屬於捷克作家還是法國作家，始終被置於大哉問。然而他所帶來的捷克文學深厚底蘊，仍然讓世界對捷克有了嶄新的好奇。布拉格原汁原味的東歐風采，藍色尖頂的童話教堂、伏爾塔瓦河流淌的浪漫夜晚，仍然使旅人駐足。

布拉格地鐵——輕鬆涼鞋、一件式洋裝，布拉格風情洋溢在地鐵。

布拉格遠景——童話尖塔雲端下成為故事倒影，一篇篇童話故事腦海中快速翻湧。

查理大橋——大名鼎鼎查理大橋，伏爾泰瓦河的心事與夕陽，也都從瞬息變幻的天際裡雲淡風輕了。

布拉格城堡階梯——一轉眼時尚大道現身，國王的新衣給魔幻子民們看見。

而我為了避開布拉格廣場的夏日恐怖人潮，訂了間山上旅館，一路坐著電車向小山丘奔去。達古拉旅館（Hostel Dakura）坐落在林蔭密布的綠色大道，拖著小小行李箱沿路找路，彷若行走在台北敦南林蔭大道。車子清新乾淨兩旁停靠，看得出東歐中產階級整潔明亮的公眾環境與私德。沒有半點垃圾、社區悄無人聲，教養良好的山丘社區，不遠處是電車緩緩駛過。

這將是一趟長達三個月的環歐旅程，為了能有更好的體力，在這個寧靜的山間民宿，我決定大睡三天三夜，以養精蓄銳換取更多的旅行能量。

房間靜謐，靠窗是參天大樹，清晨陽光就從樹間透了進來，可以剛好在書桌前讀著法國友人送我的以色列詩人詩集，寫的是流亡民族的哲學思索。在歐洲，移民是生活場景，國與國的移動是如此自然、邊陲並不那麼刻意儼然，國家裡有各種民族是理所當然的事，而移民的思索也成為共同的情感。這對於成長在海島國家相對單一的台灣子民，是很不一樣的文化衝擊。在巴黎席地同捲鋪蓋的兩個街友，可能來自兩個國度，說著不同的語言，仍能共享一顆無花果，「同是天涯淪落人，相逢何必曾相識」。窮苦是悲慘的遭遇，而無國籍是比窮更深刻的痛苦；在世上沒有命名，如落葉般的飄搖於世。

睡了三日，終於將啟程大旅行前，耗盡體力的搬家精力給補滿。步出社區我感到處處充滿可愛的布拉格情懷。山城小店裡搭配白色界於饅頭與麵包口感的圓形三明治、沾上藍莓果醬還有滷

德古拉民宿——鏤刻鐵窗、扶手把，讓人一秒聯想葡萄牙門窗。

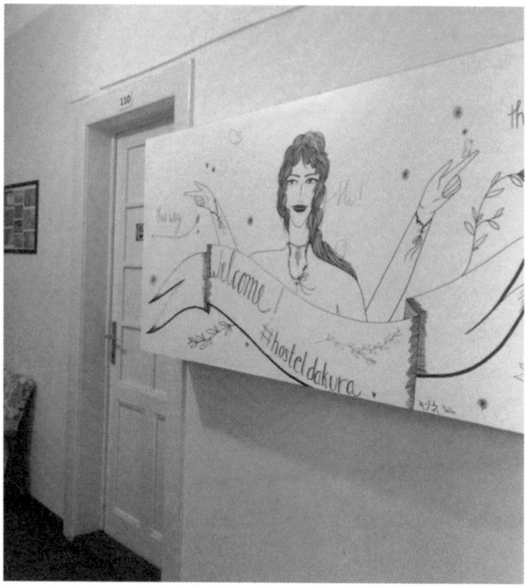

德古拉民宿——布拉格畫家隨興手繪，舊時大眾溫泉池搖身一變成為民宿。

德古拉民宿——倚著綠意的房間，點亮一盞燈，就是天地最大的自由。

Ladies

店前的小丑——抽撲克牌最怕抽到鬼牌，來布拉格就一定要遇到小丑。

牛肉的午餐，明亮可愛，木質小屋的古老店裡，到處是打開報紙配著咖啡的老人。他們頭上戴著方格紋小呢帽，有的鴨舌，有的是布雷帽上點一個小圓點，桌上都是啤酒，午間卻是無聲。下午茶時間，熙熙攘攘開始有了一點歡鬧，仍然屬於寂靜中的耳語，這裡都是老主顧，倒水倒茶店員顧客默契十足。

沿路店家是大大的檜木桶裡模特兒泡湯喝啤酒的海報，布拉格啤酒很好喝，湯呢？問了民宿的優質男孩，他是道地布拉格人，趁著大學暑假來此打工，男孩說著民宿以前也有溫泉喔，我說我猜也是呢，只是我不確定是不是泳池。因為民宿明顯的各層樓排水溝孔，實在充滿妙趣。聽了男孩解說，知道這座山城以前是有溫泉的，公共澡堂非常盛行，大眾喜歡在下班時光就來這裡泡泡湯，後來因為城市建築繼續更改樣貌，公共澡堂就變成少數存在，人們也習慣在家裡自己泡澡了。

我腦海中浮現了希特勒的毒氣澡堂，男孩保證再三，這裡沒有，我們這裡沒有。二戰期間的猶太民族被迫害歷史成了歐洲大忌，人人都希望能夠離這個黑暗歷史遠一點，要澄清的得用力澄清。我看著這座明亮社區，想像二戰期間他們經歷了怎樣的鴉雀無聲，正思索間，「啊，妳的信！」男孩遞出了一封信給我，是布拉格國家劇院（Národní Divadlo）售票口寄給我的《唐・喬凡尼》劇院票，這樣準時的效率，真令旅人感動。

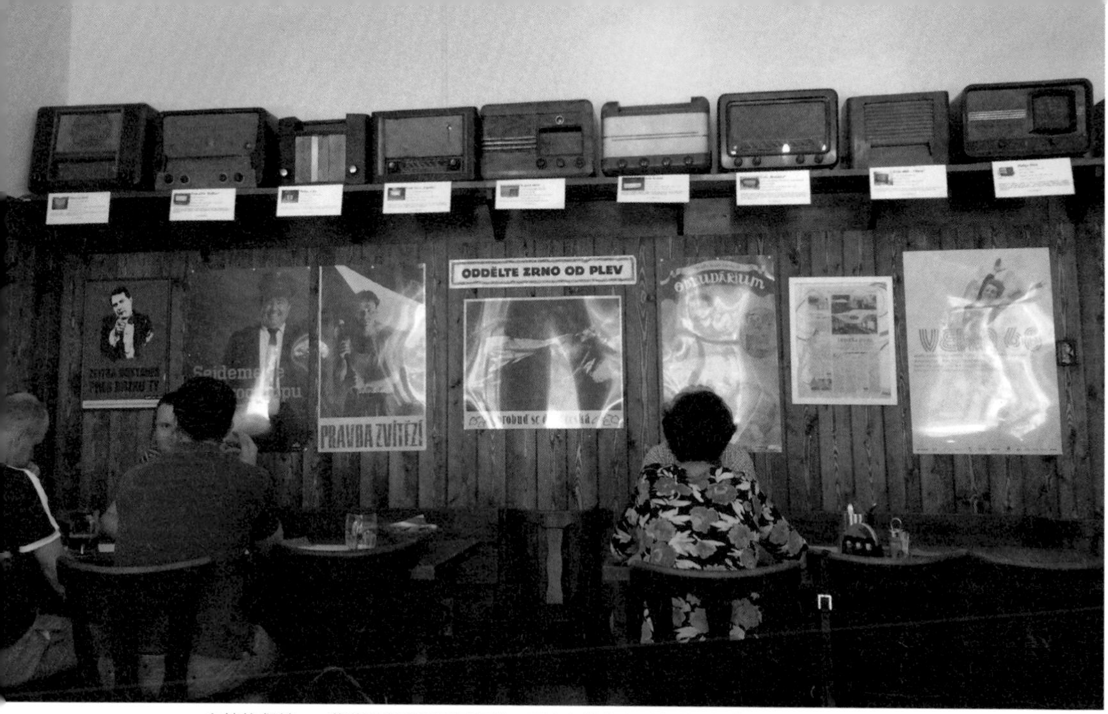

布拉格餐館——花花背影訴說阿嬤日常，正中午能夠坐下來喝一杯蘋果酒就是好日。

布拉格餐館——一手夾兩瓶、另一隻手端上桌，身懷絕技就是布拉格啤酒哥。

庫倫洛夫街道——捷克豐富的童趣與想像力，讓街頭漫步成為挖寶之旅。

MIRROR MIRROR
TELL ME, WHO IS
THE MOST BEAUTIFU
IN THE WORLD?

唐・喬凡尼

捷克是唐・喬凡尼的國度，這個古老的歌劇說的是一名採花大盜的故事。俊朗的唐・喬凡尼最終在天神的譴責下被烈火燒入了地獄，荒謬的陳世美現世報劇情，倒也說明了花心蘿蔔人人恨的千古真理。然後《唐・喬凡尼》盛行不墜，來布拉格還真得去國家木偶劇場（National Marionette Theatre）走走，四季無休，給你滿滿的唐・喬凡尼。

走進木偶劇場的地下階梯又長又寬，很像鐵達尼號裡蘿絲步下船艙大廳見到傑克的大階梯，櫃台一個八字鬍長得像香港導演徐克的歐洲店員，穿著鼻挺黑西裝、繫著黑色小蝴蝶結，也像極了東歐故事裡的奇幻巫師，非常適合站在櫃台賣唐・喬凡尼劇票。櫃台旁大大的玻璃櫥櫃裡，站著一個巨型的唐・喬凡尼偶人，偶人及人半身高，實在比想像大很多，身體上千絲萬縷的線，如同台灣民間傀儡劇，只是台灣的傀儡劇給人陰森、祭鬼的感受，而東歐則視為平常劇種，並不特別禁忌。

不用特別訂票也能輕易坐到第二排，戲劇開始，半人高的偶人和馬匹活潑地在舞台上上演。如同早期黃俊雄布袋戲般，戲偶的掌中人偶爾會露出半顆頭，偶戲的掌中人控制著千絲萬縷的線，倒不特別介意被人看見耍戲人的存在。遇到掌戲人非得現身才能控制好偶人時，他們全身黑裝待命在後。到底是人耍偶、還是偶耍人其實不那麼重要，重要的是看的人覺得有趣，願意共同在這一場戲耍裡，體驗負心漢唐・喬凡尼最終被懲罰的快意。在這個天天都是唐・喬凡尼劇碼的木偶劇場裡，坐了許多老人與大小孩，看得出是在地老顧客，一齣戲回味再三地看著，看戲也成了生命中的儀式。

帶著偶劇的華麗心情，結束後心情仍然飛舞。麵包店買了一個肉桂麵包，獨自走到河邊，看

國家木偶劇團門口──大名鼎鼎的花心蘿蔔唐・喬凡尼正在招攬生意。

Prague

唐・喬凡尼

偶戲團大街——烏雲密布與遠方藍天交織，魔幻城市正在發光。

著月色如水，伏爾塔瓦河的夜晚寧靜、閃閃動人，橋上是奔馳的車輛，如同巴黎新橋的月景，塞納河遼闊、伏爾塔瓦河流長，城市之心能有一條穿城河，是如此讓人感到安慰。如同小小的香港因為維多利亞港的河心景色，有了舉世無雙的東方明珠稱號，月夜裡望著伏爾塔瓦河、河邊三三兩兩的情侶，彷彿也能感受這條城市之河對布拉格傾訴的百轉千迴了。

相比偶劇，布拉格國家劇院看唐・喬凡尼歌劇，完全別樣滋味。歌劇一樣是萬年劇碼，比起偶劇，真人演出少了詭異的奇幻感，卻也多了現實人味的心傷，歌劇唱來蕩氣迴腸，快意恩仇之間也能聽出怨婦幽情。

布拉格夜景——布拉格夜景有一種魔術劇場感，城市舉手投足都像攝影棚。

這天發生了小插曲，去看歌劇前實在發現時間緊迫，請旅館幫忙叫了計程車，司機先生看來老實，悶不吭聲轉了半天，連我這個路痴都知道原地打轉，轉了三十分鐘又回到原點，真是驚人！更驚的是我是看到同一棵參天老樹又出現，才確定我們正在鬼打牆。他努力用他所能講的最好的英文解釋著，因為修路只好繞路，他露出非常愧疚的笑容，我摸摸鼻子認了這趟白費旅程。或許因為欲速不達的心情被打擾，看著黑夜心不在焉，以致當車行陡然進入黑夜的布拉格廣場時，忽然被眼前的人聲鼎沸、燈火通明給點亮了眼睛。一星期將過之際，終於我見識到了布拉格廣場的繁華美麗。廣場上遊客眾多，在東歐老街上，來自各國的氣質，讓布拉格更添異色。

看完劇漫步過布拉格城堡旁的公園，走了長長一段路，在即將上小山丘之際的電車站等車。深夜十一點的電車站，滿滿是人，看來都是當地居民，準備回到自己的社區。一位老婦人向車站上的人一個個捱著兜售著：「薰衣草花、薰衣草花！」我掏出身上僅有的零錢，買下這把新鮮的薰衣草花，插上了民宿小小的房間，這一夜薰衣草香瀰漫夢境，我夢見自己又回到了巴黎，彷彿還未出城，巴黎，我還不想離開。

城堡旁的藝廊

在歐洲每個城市都有它獨特的城堡作為標的，布拉格城堡舉世聞名，在經過卡夫卡博物館長長的鴿子站牆之後，終於選了一個白日，從山上一路走到山下，這趟近兩個小時的慢走踏青，經過了天上大朵的蓮花雲，來到城堡旁的花園門口。

只要有花園一定要進去，幾乎已經成了旅程的鐵律。漫步在修剪整齊的布拉格花園，看到兩隻看似精疲力盡的孔雀正被遊客包圍。再多的等待都喚不來孔雀開屏微笑，遊客裡但凡有小孩絕對窮追不捨，只盼孔雀開屏，奈何這兩隻孔雀硬是不賞光，只是悠悠地踱著步，這使我想起葡萄牙里斯本卡卡維盧斯（Carcavelos）海邊公園裡的孔雀，四下無人時對我展開了牠的屏翼，像拉起晚宴服般對我展示牠傲人的身段，那天下午的寧靜，巧妙在只有我與孔雀兩隻，我們共享的默契，使我從此以後見到孔雀總多看兩眼。然而再也沒有一隻孔雀像葡萄牙的海邊孔雀一樣，對我顯盡姿態。海邊管理員大叔跟我說，那隻海邊孔雀是公園裡的朋友，長住公園樹上，對我跳舞是因為孔雀喜歡我。大叔一邊說著，一邊紅了雙頰好像醉酒，我納悶著：「孔雀喜歡我，大叔你也喜歡我嗎？」

寂寞的歐洲，處處都有獨處的老人，遇上獨處女子，真的會獻盡殷勤四處招親。在比利時布魯塞爾的時候，我就曾經遇過一位寂寞的大叔，每日為我換一間更大的民宿，一間比一間漂亮，而價錢始終維持單人價。隨著住到第七天，民宿也換成六人獨棟的豪華房時，大叔向我詢問結婚的可能？我終於明白這樣的民宿趴趴走，是求偶前招的小甜點，婉轉拒絕後，有風度的比利時大叔仍然熱情招待，在後來好幾次的過境布魯塞爾，都獻上熱忱歡迎，只是隨著年月過去，途經布魯塞爾，大叔已經漸漸無法辨別我是亞洲的哪一國人，我開始猜想寂寞的大叔，獵豔始終未成功，而記憶已經開始老去。

布拉格城堡附近的畫廊——地窖般的畫廊，藏著各式寶物。

布拉格城堡和鐘樓充滿中世紀的東歐古堡美，而我印象最深刻的卻是古堡旁的一間畫廊。吃過布拉格經典甜點肉桂捲（Trdelník）後，沿著小階梯走下幽深的畫廊，裡面別開生面頓時風光，畫廊裡擺滿各種畫風、牆上是布拉格城堡與伏爾塔瓦河的各種風貌。這間別開生面的畫廊，我看上了一系列的貓畫。捱著桌旁開始撿選一張張可愛的貓畫，畫風明亮、貓咪可愛，每隻貓各有風情，充滿童話故事的插畫風、又帶點魔法世界的點綴感。賣畫的小姐跟我聊起天，這是長住布拉格的烏克蘭畫家畫的，女孩也是烏克蘭人，講起自己國家充滿思念，她已常住布拉格多年。烏克蘭，

布拉格城堡附近的畫廊——美麗的烏克蘭女生，介紹我各種有趣的烏克蘭貓咪畫作。

彼時正經歷國度嚴峻的時刻，我想起在巴塞隆納高第聖家堂旁的小披薩店裡遇到的另一位烏克蘭女孩，交淺言深，講到自己的國家她淚眼汪汪。東歐是歐洲比較不富庶的國家，但比起俄羅斯周邊，或許又是另一個穩定的國度。國與國的磨難是無從相比的，我買下了好多張烏克蘭的貓畫，總結價格低廉到驚人，或許因為貓，或許因為烏克蘭，這一系列畫作總覺得特別有情分。從前一位好友的爸爸從布拉格回到巴黎就說，如果他是捷克遊民他就要到法國乞討，然後把錢帶回捷克，因為巴黎的錢比較大圓。當下我就感到這位爸爸真是有家族企業的責任感，連街友生活都會想到救濟家族。如今倒是跟朋友爸爸的感觸對上了，國與國的貧窮真是相對的，巴黎的錢真的比較大圓啊。

夜晚，帶著捲成一綑的畫，坐著夜車又再次回到山間社區。布拉格的色彩是如此瑰麗，電車站旁有透明外星球罩般罩起來的地鐵站。收拾行李，我到民宿共用廚房，煮了離開這間布拉格民宿前的最後一晚消夜麵。

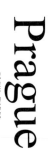

杜拜女孩與甜點店早餐

民宿廚房的火爐是電爐，有著一般共用廚房會準備好給旅人使用的鍋碗瓢盆。一邊煮著清淡的義大利麵，一邊站在門口的杜拜女孩就進來了。杜拜女孩其實是台灣人，五官深邃，不化妝時看起來很清秀。她聽到我是佛教徒很開心，問了我很多佛法的思想，最後一晚的相遇她知道我要走了。問我：「可不可以跟我告解？」我笑了起來說：「佛教徒不告解啊，但我們會說懺悔喔。我聽聽，妳有什麼想懺悔的！」杜拜女孩說起她在杜拜當櫃姐的煩惱。因為長期在杜拜的豪奢百貨公司工作，慢慢養成對名牌的依賴，全身衣著沒有名牌就覺得被別櫃的給比下去了。「妳知道嗎？」杜拜女孩又靠向我更小聲地說：「連內衣都要名牌，不然就會覺得自己趕不上別人。」我小心翼翼聽著，盡量讓自己神情保持不動聲色，女孩很困擾自己陷入虛榮的漩渦裡。我邀請她一起吃一盤清淡的義大利麵，她說著還有事要忙。麵快吃完，女孩又進來跟我打招呼，已是全身華麗小洋裝、完整妝容，她要去小酒館喝酒，邀請我一同去。

我想到自己還在養精蓄銳的體力，別了女孩，默默回房蓋棉被睡覺。很期待第二天清晨被窗外綠蔭陽光灑在臉上的暖暖感覺，等待鳥聲，掛著女孩的小小告解，我沉沉進入夢鄉。內衣穿名牌的也沒什麼關係呀，只要知道最貴重的是自己，不要隨便讓別櫃的小姐給打擊到信心就好。帶

TRDELNÍK
skořice cinnamon 60,-
mandle almond 60,-
kokos coconut 60,-
vlašské ořechy walnut 60,-
čokoláda chocolate 60,-
karamel caramel 60,-
vanilkový krém vanilla cream 60,-
povidla plum jam 60,-
se zmrzlinou with ice cream 109,-
PALAČINKY / SWEET CRÊPES with:
skořicová cinnamon 79,-
citronová lemon 79,-
čokoládová chocolate 79,-
čokoládová s chocolate and your choice of:
mandlemi almond 89,-
kokosem coconut 89,-
banánem banana 89,-
karamelem caramel 89,-
CITRONÁDA
LEMON
MALINOVÁ
RASPBERRY
ZÁZVOROVÁ
GINGER

布拉格城堡的肉桂捲小鋪——城堡山路旁的捲餅鋪，散發出撲鼻的香氣。

布拉格一隅——戴著藍色鴨舌帽的小妹妹，連布鞋顏色也都是配好的。

著對女孩的祝福，沉入了布拉格的夢鄉。

清晨從窗外綠蔭光影中醒來，耳中迴盪起前幾夜意猶未盡的魯道夫音樂廳演奏，又發了一會兒呆，才心滿意足地起床。臨別前還有一點時間，我走向了拐三個街角的早餐店，推開古堡般的厚重木門，望著琳瑯滿目的早餐櫃，點起豐富的早餐。店家自製優格、香氣十足的迷迭香麵包、新鮮藍莓、草莓蛋糕，在挑高敞開的木質咖啡店裡，閃閃發光。我踏上半截階梯，走入彷彿樓中樓的小世界。店裡高高低低，我坐在一個最能看向全店視野的角落，開始迎接眼前的風景。夏日布拉格，女人穿著輕便洋裝、男人棉T舒適馬褲，小社區裡的居民，很有自己的姿態，如同布拉格盛名的菠丹尼（Botanicus）自然手工化妝品、充滿文創風格的小藝品，小小的甜點店也充滿了屬於布拉格的文青元素，褐色調中，可愛帶著優雅。一對女性情人帶著一隻狗進來，安安靜靜地享受早餐，不一會兒是一對年輕父母帶著一個可愛的棕髮女孩進來，小女孩紮著粉紅色小蝴蝶結，一進房間熟門熟路從椅子下拉出一個大竹籃，竹籃裡擺滿了各種絨毛娃娃，她找出一隻小兔子；再一會兒，另一位小男生進來，也在竹籃裡找出一隻大恐龍娃娃。看得出兩個小娃兒都是這裡的常客。

這頓早餐吃了三個小時，慢慢地悠閒地、看著來來往往的早餐人們。不同於餐酒館裡拿著書報的老人們，這間充滿波西米亞風的早餐甜點店，刻畫著另一個布拉格世代的生活，世界的腳步不停旋轉，有些世代交替的風景倒是舉世皆同了。

整理行李，在布拉格火車站坐上往郊區的車，布拉格是這麼可愛，不敢相信這是我旅程中的第一站，感覺已是過了好久。

卡羅維瓦利市街景——狗狗你在這裡等，狗狗聽了就乖乖坐下等了。

布拉格書屋——莎士比亞書屋使我想起巴黎，離開一段時間了，漸漸開始他鄉似故鄉。

老書屋——木框櫥窗裡還有小書房，每一間歐洲老書店都令人流連忘返。

庫倫洛夫山城

通往郊區的火車，是方方正正的大車廂，不同於亞洲輕巧的火車車廂、巴黎帶著弧線設計的快車，捷克車廂是宛如中古聖殿般的幽深大火車。方正格局讓捷克除童話色彩外，也多了點古老歷史的深重感。如同布拉格地鐵一走下去就深長不見底的手扶梯，通往郊區的東歐火車，也因為深邃的車廂空間，增添了獨屬於東歐世界的華麗感。

這次我住在伏爾泰瓦河城牆上的童話小古堡。伏爾泰瓦河，舊稱莫爾道河，史麥塔納《我的祖國》中一曲《莫爾道河》交響曲蕩氣迴腸，展現了這座壯闊山河的

庫倫洛夫民宿全景——每一間民宿，都是一整個家族的靈魂。

庫倫洛夫民宿窗口——莫爾道河的磅礴瀑布聲，窗外沓沓留下。

不凡身世。史麥塔納流亡他鄉，異地思起最難忘的還是故鄉伏爾泰瓦河。如今沿著河走，來到彩色城堡的故鄉。庫倫洛夫山城被一劃為二的護城河，環抱成綺麗的山谷，而我大中午拖著小行李箱，上上下下迷了路，只得找地方充電手機打電話了。

午間的庫羅洛夫甜點屋，陽光曬進精巧可愛，隔鄰中年女子正一人一杯咖啡愉快的聊著天，等了一會兒民宿主人布爾希來接我了。穿著蘇格蘭格紋背心和格紋褲的年輕男孩，有著盛夏最燦爛的笑容，他再三道歉沒有門牌房子難找、隨手幫我拖著行李，一路左拐右拐，再次帶我步下河谷又穿上河谷，這次我來到了護城橋上，原來我就住在橋邊小彎道的一間小古堡裡。

美麗的東歐古堡散發出迷人的中古世紀風

情，石頭屋裡充滿了主人的點點滴滴。穿過透亮大廳、超大餐室，我來到完全粉紅小房間。牆壁是帶有貴族氣味的桃色，優雅的木床、美麗的櫃子上是馬賽克磁磚的飛翔小鳥圖。推開窗戶，伏爾泰瓦河就在窗下乍現，洶湧的水聲滾滾流過，我聽著水聲從白天到黑夜，嘩啦啦瀑布聲響。房間床頭有一張可愛的長耳狗狗像。布爾希說這間房子是他父親的房子，父親將他一生心血都投注在這房子上，如今父母都住在捷克另一個小鎮，將房子交給了他。愉悅的午後，我和布爾希在窗邊聊著天，他吹起捷克風笛，展示他新學的曲子，風笛真好聽，他吹笛子的樣子和我堂弟好像，笑容也和我堂哥好像。我們忍不住閒話家常天南地北聊起來，說到快樂處布爾希拿起電話打給他媽媽，媽媽在電話那頭說著下次再來一定要跟她說，她要來小古堡招待我。

旅途中家常的善意，都讓旅人溫暖心房，布爾希牽著他的黃色大狗出去散步，又帶著一位可愛的女孩一起回來，他們是一起經營民宿的小情侶。女孩完全不會說英文，但總一旁帶著微笑陪著。小古堡太美，這天我就這樣只到了方圓十公尺附近的小山路走走，欣賞了花園，傍晚躺在屋簷上看日落。上一次躺在屋簷上是在印度菩提迦耶，在佛陀成道的地方，一位女孩帶著睡袋拉著我睡在屋簷上，我們聊天聊到睡著，被喇嘛叫喚：「小心別掉下來啊！」如今我躺在屋簷上，想著印度的星星，看回庫倫洛夫的夕陽，直到狗吠。布爾希帶著大狗回來了，「小心著涼啊！」他叮嚀著，我被這位開朗男孩燦爛的笑容給徹底融化，又想起了堂弟，還有我逝去的堂哥。回房時，隔鄰房間的一對德國夫婦已經回來，他們安靜地對坐喝了一杯茶，然後進屋去了。

布拉格——奧匈帝國的浩瀚，登高臨下都還能見當時的威風。

布爾希說這對夫婦隔天就要走了。果然接下來的幾天，我一個人擁有了這間美麗的古堡，餐室、書房、露台和整面河谷，不敢相信自己用一晚五十歐的價錢，坐擁了一整間古堡。庫倫洛夫太美，每日在跌宕起伏的山谷上上下下走著，隨便一個彎角，就會看見大城堡區不同的壯麗山河。這是一個騰空的彩色山城，山中不知日月，只有雲彩如織。

第三天終於到了城門另一頭，穿過庫倫洛夫城堡、尋過廣場來到席勒美術館，敗德的席勒（Egon Schiele）留下頹喪美的畫作，他曾帶著小情人在母親的故鄉庫倫洛夫度過一段美好的日子，雖然終因聲名狼藉被驅逐出這個小鎮，但小鎮仍在故事結尾建造了席勒美術館回報這位世界的才子。我被席勒耽美的藝術感給震撼，扭曲的身軀與臉孔，訴說這位表現主義才子的心靈掙扎。藝術家的自苦帶來世界的美麗，席勒身旁經過的人事物成了他畫作下的情懷，席勒最終以年紀輕輕二十八歲死於流感作結，一生浪人，連死因都輕如鴻毛。美術館最末有一個小小的梵谷特展，是為驚喜。歐洲非常愛梵谷啊，到處都可以看到梵谷的特展，美術館員大叔看我想要拍照，特別指向一間特別的畫室，「這裡的畫都很棒喔！」大叔這樣提醒我。在這間畫室裡展下了梵谷最後一段時間的畫作，與未完成的向日葵素描。席勒和梵谷，如此兩樣，又都有著藝術家的自苦性。有時候真是要向這些受苦致意，藝術的情操不在說教，在他意在言表之外的純潔性。崇高與媚俗相反，但有時又與悖德如此接近。席勒是扭曲的、梵谷是明亮的，但他們都在受苦，用受苦苦煉出藝術的舍利子。

白天的庫倫洛夫大街，是陽光而充滿明媚的。走進小店選了一間草帽，有了遮陽的雅致，其實太陽並不熾盛，草帽只是為了風情。探進一間有趣的偶劇博物館，裡頭別有洞天，庫倫洛夫偶劇館實在是不可錯過的尋訪點！小小的偶劇博物館，放滿了各式各樣的百寶傀儡，每一尊身形都不小，小紅帽、大野狼、愛麗絲、歌劇女伶、唐璜、蒙面俠。晴朗夏日，偶劇館外是熙攘人群，偶劇館內只有我獨身一人。一個人被上千個擠得滿滿、或平行或高吊的傀儡包圍，實在是非常詭異的畫面，說是東歐鬼屋也不為過。我攀上二樓，繼續享受這冷颼颼的傀儡況味，感受一場又一場的歌劇，自中古至現代，無數孩童的歡聲、無數觀劇者的笑影，想到前幾天還在布拉格看了荒謬大劇《唐．喬凡尼》，如今就來到這個製作傀儡的小鎮博物館裡了。

傀儡偶使我想起童年在林口外婆的柑仔店前，每隔一陣子總有賣布袋戲尪仔的遊動攤販沿街叫賣，掌中偶帶給孩子無盡異世界幻想，這些傀儡劇也是如此豐富著東歐孩子的童年，華麗的偶人衣服像扮家家酒般，代替著人說著故事。偶是人的延伸，人是心的延伸，那心呢？心是否是萬物歸一呢？當有一天回到最初的開始，願我能永保純真。

夜裡的庫倫洛夫好安靜，黃色的街燈，皎潔明月映在河上。走在無人的街上，彎進小小洞穴般的啤酒屋，走了一會兒暗路，又開始燈火輝煌。熱鬧滾滾的小鎮啤酒會正上演，啤酒屋裡滿滿的豬腳大餐一盤盤熱絡端上，座無虛席！我來到外頭的露營地，喝著啤酒聽著庫倫洛夫的歡笑，這樣繽紛、充滿遊客又滿布小鎮情懷的山居城市。儘管饒富觀光盛名，卻也擁有不少在地居民，如同布爾希那樣的在地青年，世代居住於此。《我的祖國》樂聲還在山谷傳唱，莫爾道河流水從不曾乾涸。喝下大杯啤酒，心神已醉，搖擺著晃回古堡。

可愛的小鎮令人難忘，也許還因為親切的住民。布爾希他正在做一個免費網站，邀請所有創作樂手都把自創音樂放在網路交流，但是還差一個中文翻譯介紹呢，我做了簡單翻譯，他開心地放上網站，一切都免費，他想讓世界更美好。在這個小小的山城裡，我想起從前的編輯朋友，與致匆匆拉著我一定要一起聽一次《莫爾道河》，她把耳機一隻耳朵遞給我，我們一起度過一首曲

庫倫洛夫偶戲團木偶——栩栩如生的木偶，各有各的排場與尊嚴，在挑高的石屋裡，誰也不輸誰。

庫倫洛夫偶戲團木偶——滿室木偶，曾經都擁有各自的登場風華。

子的愉悅。如今歲月悠悠，我真的來到了莫爾道河上，天天聽著流水悠悠、山谷瀑布，聲浪之響如同巨石山濤，莫爾道河真不是蓋的，我想起了那日的耳畔時光與女孩。

天下沒有不散的宴席，離別這天和布爾希及他可愛的小女友，又吃了一頓他們親手做的美味自製早餐。為了趕上火車，時間忽然短了起來，布爾希帶著我抄近路走山路，他一如往常沒有穿鞋子，他說土地舒服。山坡上行李不好拉，他索性幫我把行李箱扛在背上、光著腳就沿路追上了山坡頂來到車站了。我看著熱淚盈眶，他是如此熱情、為旅人著想，而我又何德何能，住進了布爾希的小古堡。

上了山坡揮手道別，在很後來的日子裡，我還是維持著跟布爾希的通訊互動，即使搭上了遠離庫倫洛夫的火車，庫倫洛夫的小古堡、布爾希的笑容始終在我心底，閉上了眼就能聽到滿山谷的風笛聲，還有伏爾泰瓦河潺潺的瀑布流水，從我床底下沓沓流過，我想著若我堂哥還在世，他必也是這般待人。

瑪麗安斯基溫泉城（Mariánské Lázně）

瑪莉安斯基火車站小巧可愛，黃澄澄的磁磚在陽光下整個車站像雨水下的蘑菇般發亮。出站後我先到火車站洗手間，整潔的東歐洗手間旁，有個歷史悠久的服務台，見我要進去紅色鬈髮Madame叫住我，進去要付費喔，然後附上一疊摺好的衛生紙。老式優雅的接線生般笑容，車站旁的廁所頓時升級成五星級飯店的窗台，這個廁所彷彿時光廁所，回到中古典雅。

出了車站，還得坐上山城小巴士，再拐幾個山彎，約莫十五分鐘後來到市區。說是市區，也是一個山城中的小圓圈。圍著瑪莉安斯基大公園，延伸出羅馬假期般的廣場放射線。小巷弄拐進去，出現了明亮的古老大飯店，飯店服務生穿著筆挺，笑容俊朗，東歐服務生都好纖瘦，他們身形有種模特兒的架勢。

瑪莉安斯基是捷克著名的溫泉城，在飯店頂樓游泳池開心地游了好幾回，發現真正的厲害溫泉是公園裡用喝的水龍頭溫泉水。傍晚時分，夕陽正好，走到公園去正好逢著音樂噴泉，開心的小孩、闔家平安的大人都來這座大大圓圓彷如陽明山花鐘般的音樂噴泉圍爐了，經典西洋老歌一首首奔放播出，隨著溫泉水舞，陽光媚惑的下午瑪莉安斯基是愉悅的世外桃源。小小的山城一切

卡羅維瓦利市黛安娜纜車——45度沿著山壁走的陡峭纜車，風光無限。

瑪麗安斯基公園——陽光灑下，公園裡處處是三三兩兩談心的朋友。

布拉格街景——頂著天花板的邱比特，布拉格赤子之心搖擺街頭。

都是緩慢的，人潮慢慢湧現，也不過是三三兩兩。穿梭沒有太多遊客的山城，走到公園底，明亮的像洗手台一樣的溫泉水龍頭台子就出現了。旅人們熟門熟路拿出自己的陶瓷水壺盛水，兩個水龍頭擁有兩個溫度，一個二十五度一個四十度，我用隨手帶的小杯子盛了水，就口一喝，好苦啊！都說良藥苦口，連溫泉藥也是苦的。不過溫泉能喝還是一件好炫的事，一旁櫃台擺了很多小格子，一格格無門的小櫥櫃裡擺著一個個像酒瓶又像花瓶的小杯子，精緻的骨瓷杯上還編了號。我看著覺得有趣，細細一問，原來是「寄杯」！

充滿療癒力的溫泉，讓來眾都可以開心喝到飽，但是帶著杯子實在阻礙旅程，乾脆把杯子寄在櫃台，付寄杯費，來時就拿出號碼牌、領走自己的杯子去裝溫泉水來喝。現場櫃子裡也有很多美麗的杯子正在販售啊。可惜我只是過客，要喝也喝不到多久，只好放棄。但是像這樣倚著吧台拿著自己的杯靠腰一喝，還是挺霸氣的，用喝的溫泉很威風。

音樂噴泉時間長達近半個小時，喝足看飽，沿著山城往半山腰走，一間當地餐廳擠滿了在地人，憑著旅人直覺坐進去，這間店出名的是炸豬腳。有著德式豬腳的做法，又增添了一點捷克風味的滷料，難怪座無虛席。在這樣的餐酒館中，我總是迷惑於滿店的生命力，人聲快活，可以持續沸騰到午夜。夜裡步進飯店，古老大廳居然放起了藏傳佛教大寶法王的點燈祈願文音樂，這夜就在不可思議中，被燈的光明給催入夢鄉了。

瑪麗安斯基溫泉寄杯櫃台——精緻的櫃台，像是三溫暖的寄物箱，一格格都是可以仰頭就口喝的馬克杯。

清晨天亮，漫步在晨曦中又去了一趟公園喝溫泉，回來時飯店前已開始有了繁華的小鎮風趣，在一間寬敞落地窗店面的甜點店裡，點了甜甜圈、藍莓無花果蛋糕，和一杯黑咖啡。在小鎮甜點店買東西，往往是先買餐券再到甜點櫃前領麵包，舊時的餐券習慣穿越時空延續在山城裡的小店。我領了餐點、等著離開小鎮的巴士，拐了幾個彎，又晃回了山城老車站。瑪莉安斯基，一座漣漪般的花鐘城，如夢般冒著溫泉泡泡。

瑪麗安斯基鄉村餐廳濃湯——暖口的番茄湯，馬鈴薯入口即化。

三明治藍莓醬牛肉——典型捷克食物，燉得香濃的牛肉沾上蔓越莓果醬，鬆軟吐司沾上鄉村醬料，甜香潤滑讓人難忘。

庫倫洛夫德國豬腳——炸得酥脆的德國豬腳，也是小城裡地窖餐廳響噹噹的招牌食物。

捷克餐廳——往往是鮮嫩的顏色，牛肉沾著果醬、麵包酥脆，美麗的城市思念的人們。

布拉格肉桂捲——香濃的巧克力從肉桂香中竄鼻而上。

瑪麗安斯基甜點鋪——精心打扮的瑪麗安斯基阿嬤們，人比甜點嬌，快意人生時間就該這樣打發。

卡羅維瓦利溫泉城（karlovy vary）

來到卡羅維瓦利已是黑夜，深夜中進入無比華麗的帕拉坦大飯店（Hotel Palatin），推開門一切場景都彷如夢境。深藍地毯、原木櫃台，一名老者正躺在旁邊長凳椅呼呼大睡，服務生呢？櫃台無人。苦等了半天，終於蹬蹬跑來了一位大叔，溝通半天無果，大叔一個英文字也不會說。比手畫腳中度過，勉為其難Check in，進了飯店，就被眼前奢華給震攝住。

這間著名的酒店，有著十四世紀以來的古老身世，一個人住在這間寶藍底色的優雅飯店裡，瞬間把剛剛的等待插曲都給拋擲腦後，黑夜的卡羅維瓦利像山裡的隱身小鎮，黑矇矇街路也看不清，只知道巴士開得老遠，拐進市區又開到底，在長廊般幽深的迴道裡，拐到了最底才是站牌下車處，如果這是一座大山，我應該就是在山谷底了吧。懷抱著模模糊糊的山勢感，就這樣沉進了夢鄉。

第二天睜眼，當第一道陽光灑進眼簾，窗簾拉開，卡羅維瓦利河谷就在眼前展開了。不同於瑪莉安的小巧，卡羅維瓦利明顯氣派豪華許多，彩色帝國的建築風格，好幾座跨河橋的城市風景，烘托出卡羅維瓦利曾經是叱吒王朝的風光。沿著磨坊溫泉長廊行走，希臘拱廊的皇后柱風格，鋪展成一長排的神話風情。沿著長廊走，一個杯子可以喝了又喝數不盡，各種溫度的溫泉水龍頭，長廊搖身一變成為「溫泉喝到飽」。溫度由低溫到高溫，滾燙到九十度的也有，水龍頭附近貼心掛起告示，小心燙口。

山城的觀光遊客也明顯比瑪麗安多很多，穿著太空外套的捷克老爺爺老奶奶們乖乖聽著導遊指令，聚成一團聆聽城市導覽。我沿著山間小路不斷向上走去，一個「迪安娜」纜車（Diana）指標引起注意。繼續向山勢走去，別有洞天的是原來卡羅維瓦利有纜車。纜車站精緻漂亮，等了三十分鐘上了纜車，陡峭的纜車幾乎是九十度般載人上山，眼前山壁如此靠近，大片落地窗玻璃坐在裡頭像是坐在挖土機的前面鏟子，纜車風光實在非常有趣。

上了山頂，是一座小巧的蝴蝶園。園子雖小而蝴蝶上千，在裡頭緩緩走著，各式蝴蝶就擦身而過。我想到有一年參加客家樂手林生祥在美濃的東門音樂會，在美濃夜市就看到一群年輕人穿著黃蝶翠谷T恤，邀請大家看蝴蝶。美濃蝴蝶祭我沒有趕上，卻在遙遠的東歐山上，看到了滿園蝴蝶。離開蝴蝶園心裡非常悸動，滿面撲蝶原來是這樣的感受，彷彿閉上眼蝴蝶就會停在眼睫上。坐著纜車再次挖土機般被鏟下山，陡峭山壁下山更顯驚奇。下了山谷，剛才的探險彷彿只是夾縫中的一抹風景。旅行中總是充滿這樣探進缺口的瞬間，而旅人的心就在這樣的切片中不斷被打開。在每一個不斷為你敞開的小城裡，驚奇沒有停止的一天，它只會不斷迫使你，再探向五感更屏息

卡羅維瓦利運河——坐著巴士一路到山城底，再沿路順著運河上游走，曲曲繞繞多像人生。

的時刻。

從庫倫洛夫、瑪莉安斯基到卡羅維瓦莉，那是環環繞繞、圓圓漩渦又長長山廊的山勢景致。有時候我會在夢中回到這些可愛的小城，彩色的夢中，樹都變成了圓圓的麵包樹，粉紅圓圓、草綠圓圓，在夢中我會微笑。

布拉格艾斯特戲劇院——每到一座城市就想往音樂廳和戲劇院坐上去，這一刻回聲就是魔術一刻。

瑪麗安斯基音樂噴泉——音樂響起，噴泉濺起的水花，陽光下就在溫泉拱廊前化為水舞。

布拉格城堡廊道——隨處坐下休憩的風光，就是旅行的滋味。

卡羅維瓦利溫泉杯──琳琅滿目、風格迥異的溫泉杯。

卡羅維瓦利喝溫泉──行家就知道要自帶杯子，邊走邊喝、一個個溫泉水龍頭試試不吃虧。

布拉格──夕陽下的布拉格古典老店車，搖著車鈴，彷彿要去和龍貓相會。

布拉格街景——修繕窗戶的工人，站在街景裡也成了街景。

卡羅維瓦利市街景──餐廳裡向外望著等車的人群，有一種世界遼闊的心滿意足。

布拉格大橋──到處都看得到布拉格狗狗街頭溜達，布拉格處處有散步的狗狗出沒。

夜車前夕

火車回到布拉格已是夜晚，和一位台灣在印度出家的喇嘛約在布拉格咖啡廳見面，不久前還在布魯塞爾法會上聽這位師父為印度上師翻譯，如今在布拉格再見一次，也是奇妙緣起。看著滿室賓客，這間號稱布拉格最美的咖啡屋，如今擠滿了觀光客，白色宮殿裡出現了煞風景的大聲喧嚣，比起已成網美咖啡店的旅遊名店，我更懷念起「卡夫卡咖啡館」那樣充滿文人歷史的店，還有咖啡店旁那一長排叫不出名字的林蔭樹木和悠閒的人群。

最後一夜中繼站，在嘈擠的人潮與喇嘛的佛法清涼中，月空下拖著行李離開了布拉格。走向車站的黑夜，昏暗而罕無人煙，終於看到燈光的夜車站使人心安。午夜十二點，布拉格車站滿滿都是人，我跟著人潮在黑夜裡等候，搭上一班夜車，這一夜要驅車奔向布達佩斯。

深夜的跨國列車

深夜的夜車，旅人帶著行李上火車。夜車的格局是一節節大包廂，像是房間門牌，隔著一條

布拉格夜景——發亮的招牌，聚集看路的人也是天涯一家親。

小小的長廊，此側窗外是車站告示燈在最後通牒即將啟程。從布拉格到布達佩斯約莫要六個小時，坐上夜車，睡一覺正好到站。我睡進六人臥鋪的車廂，沿著兩側各有兩張上下鋪共四張床已經打開，另有兩張未攤開的床折疊在上下鋪中間的牆上。我看著兩張中鋪的床鋪若是攤開，怕是下鋪和中鋪的人都要坐不直了。還好這班列車中鋪兩個位子都空著，我睡在上鋪，火車開始緩緩發動，我躺在鋪上開始跟著車子搖搖晃晃，睡前用眼睛向四周巡邏，貪看車裡的三位室友風景。四個女人陌生地擠在這節車廂裡，不久前下鋪靠窗的面紗女子進車廂時，她的成年子女還陪伴著母親坐在床沿確定一切平安後才離去，如今面紗媽媽已然適應，車廂夜燈關上，我們四位夜宿夥伴彼此相視而笑，躺下後不說晚安又各自側身別去，有種禮貌室友的默契。

望著窗外，我彷彿看見兩年前從瑞士剛參加完達賴喇嘛法會回來的自己，一個人驚喜地住進意外被升等的義大利國鐵（Trenitalia）臥鋪頭等艙，房間有小小的洗手台，上方櫃子打開燈也跟著點亮，裡面是一應俱全的盥洗用具。單人床臥鋪床頭有充電插座，夜裡有三節車燈可以調整車廂光線，聽著窗外的鐵軌聲，風景從腳邊飛過，那日窗外月光皎潔，和今日窗外昏黃兩樣風景，漢堡夜裡車子剛啟動就有服務員來問 Wake-up call，清晨親切的車服員果然就來敲門，送上一桌雪白瓷盤盛裝的可頌、果醬、咖啡和優格，雖然一夜無眠，旅人的興奮仍然填滿了許多體力，吃完早餐不久，巴黎就在窗外了。

如今睡著六人鋪的臥鋪車廂，前往布達佩斯，車裡又是另一番光景。昏黃閱讀燈、慵懶地聚在一個房間的旅人們。這一夜車子顛簸的晃著，晃著的車子不好睡。鋪好車子預先準備好的睡袋和毯子，睡得迷迷糊糊又總醒來，樓下的閱讀女人車燈已關，車廂裡陷入全黑，再一會兒月色就進來了。半夢半醒間，我夢見無數個火車光景，夢見歐洲這些年旅行過的城市、看過的風景，彷彿有人在輕聲喚我。幾乎是沒有睡般的睡著，再睜開眼，清晨的陽光照進來了。

對面上鋪的女孩已經開始起床整理她的睡袋了。我望向窗外，好美的一片綠意，布達佩斯到了！

MODIGLIANI
AR NEMZETI GALÉRIA, „C" ÉPÜLET
ÚNIUS 29. – OKTÓBER 2.
ARIAN NATIONAL GALLERY, BUILDING "C"
E – 2 OKTOBER 2016

2

布達佩斯

匈牙利

Budapest

風味滿溢的老城

一出火車站，身上的歐元與捷克克朗都來不及換成匈牙利福林貨幣，東歐沒有納入歐元體制，我難得帶著歐元在歐洲有了需要找地方換貨幣的時刻。在火車站的提款機看了幣值，猶豫半晌，如同剛到布拉格機場的直覺般，這裡幣值肯定天價不划算，得出了機場或車站才有機會換到划算的。

手機沒電，臨上布拉格火車前隱約記得車站附近有划算的換幣站，狠下心出了布達佩斯車站，過了馬路果然就看到換幣站。這種時刻總是特別感謝旅遊達人、網路痞客邦之類的資訊報馬仔。換幣站隔壁的肯德基看來就是最佳的手機充電站，一套炸雞點下來價格還比巴黎貴一點，四塊無力的小脆雞應該是剛出生的小雞做成的，這樣的肯德基其實不算便宜。吃了無力的小脆雞和可樂，終於有體力找路了，坐著舒服的布達佩斯大窗玻璃公車，來到五區，這裡介於高級區與古城區的特別地帶，整座布達佩斯被多瑙河切成「布達」與「佩斯」兩塊地方，而如今我就在布達這座老城區，感受陽光灑在古老東歐城市的帝國魅力。

挑高的一樓街面，加上厚重的老岩石牆，老城區格外有種奧斯曼時期的帝國霸氣，這使我想到米蘭的街道，還有不久前才住的巴黎小街 sentier，拐個街就是 Boulevard Sébastopol 的豪奢貴氣。巴黎的 Sébastopol 大道之所以讓人著迷，在於小小的街道卻擠著兩旁壯闊的建築，如同米蘭大道的豪奢風情，而布達佩斯的老城區也有著這樣的氛圍，不同的是，布達佩斯的老城還多了整面建築只讓給一個露台的霸氣。整面牆只留給一個牆面，布達佩斯人說這是一種貴族的彰顯，正中露台是主人大廳的豪奢炫耀，兩旁是傭人住的地方，自然就不需要露台擺設了。如同龐畢度美術館把一面牆只留給一幅畫的精心設計，而布達佩斯的貴族，在建築上留給了一座露台的風情，殘酷也獨一無二的建築美學，這樣的牆面在羅馬是看過的，在巴黎和西歐城市倒是稀罕了。

推開老舊大門，上了住的預定布達佩斯民宿，這是一間實景比圖美一百倍的東歐傳統民宿。大門是雅致的鐵拉門，房間是可愛的樓中樓，整層樓住了四組房客，有趣的是其他三處全是匈牙利人，他們英文都不太通，有限的溝通裡，比手畫腳也是可以的。民宿裡處處充滿風味，偌大的廚房旁還有可愛的小露台，妙的是坐在露台會望向一個四方型大樓的天井，天井裡每一面都是露台，恰恰可與隔鄰舉杯相慶。

房客裡有位男孩非常喜歡泡澡，民宿浴室寬敞漂亮，挑高設計讓人真的想好好泡澡，而這位匈牙利男孩天天泡澡，一天可能還泡不只一次，住在布達佩斯的時光，我常常走到浴室門前就是蒸騰水氣從門縫裡鑽出，不久後就是洗得臉紅通通的男孩從浴室裡出來。他會非常熱忱地比著「請

享用」的手勢，第一次進到浴室的時候，他還熱心地帶我到水龍頭前比手畫腳告訴我冷水熱水是哪一個方向。

沒有多久，我也愛上了在這間神奇浴室泡湯的滋味。即使我明明就身處溫泉城市啊！布達佩斯是個泡湯的好城市，而湯只會越泡越想泡、越泡越專業。在離開布達佩斯的很久以後，我還是會常常回到這座泡湯城市，夢裡我坐著城市公車，度過塞切尼鎖鏈橋（Széchenyi lánchíd），穿梭在城裡城外的泡湯池裡。這是一座使人著迷的城市，它的湯池個個別有洞天，而我也就天天尋找湯池下水餃去。

布達佩斯塞切尼鎖鏈橋與藍色多瑙河——跨越多瑙河的鎖鏈橋，是第一座連接新舊城區的布達佩斯大橋。

泡湯城溫泉

賽切尼溫泉浴場

這座城市有多愛泡湯呢?從二戰時為了怕圍城會使湯池斷水，還特別挖通水管、掘池引水，在城內中心也建了一座湯池，可見一般。來到布達佩斯之前，因為行前為了保有旅行的驚喜，刻意不要做太多功課的旅行習慣，並不知道布達佩斯原來這麼處處有溫泉，到了布達佩斯開始做起簡單功課，立馬拿起泳衣，直奔聞名的賽切尼溫泉浴場。

拿著手上約莫四百元台幣的行車週票，坐著公車，穿梭在這座充滿森林感的城市當起彷若居民。城市是舒服的，布達佩斯綠意盎然，陽光下經過多瑙河、穿過建築古典又宏偉的城市，這是一座活著的古城。車行進入小街，兩旁高聳建築使城市看來偉岸，經過城市公園，一個半圓拐彎，就來到了鵝黃色的賽切尼溫泉浴場，這樣的黃色使我想起英國巴斯的古羅馬浴池遺跡，如今賽切尼溫泉浴場便是用古羅馬浴池黃，加上新巴洛克風格，建成屬於自己特色的布達佩斯浴場。浴場旁邊是斗大的粉紅色馬戲團招牌，活潑的馬戲團小丑看板使我想到巴黎每年冬季在文森森林公園（Le Bois de Vincennes）都會有的馬戲團表演，巴黎的馬戲團似乎沒有小時候在台灣看到的厲害，動物出來也都是過過場，最後當斑馬、長頸鹿、大象、獅子都登場時，小孩們興奮得尖叫，馴獸師帶著動物繞行全場一圈，動物們失控、雞飛狗跳地走著，也就帶出場了。朋友說：「巴黎馬戲團裡的動物好像比我們小時候看的笨啊！」我們一邊笑一邊覺得還好小丑家族還是很道地的，滑稽的小丑、香濃的爆米花，馬戲團氣氛做足就好，唉，動物笨笨就算了，至少他們可能是因為少掉了許多非人訓練而笨笨的，因為這樣或許是過著比較有動物權的生活啊。當時在巴黎看著冬季馬戲團的自己，就在一口口的爆米花中，和朋友達成了這個腦補般令人安慰的結論。如今看著溫泉浴池旁的粉紅小丑馬戲團招牌，就想起了那日看馬戲團小小的事。

馬戲團和浴場相比，浴場的人潮還是較多的。走進溫泉浴場，發現賽切尼比想像的大很多，大廳裡販賣部掛著各式泳衣，櫃台買了浴資券、拿了鑰匙，就往旁邊的廊道走進去。氣派的羅馬浴場，一走進去映入眼簾的是浴場一排排優雅包廂、木門裡恍如歌劇院的紅色絨椅更衣室，這是給購買高級浴資券的顧客使用，每間更衣室裡都有吊衣掛勾和可以坐下的木椅。繼續向裡面走去是一般顧客使用的更衣室，淋浴間舒服方便，更衣櫃用感應的，蒸騰水氣裡，這裡有種台灣公共游泳池更衣間的況味。換好泳衣走向浴場，眼前出現的氣派就恍如進入古希臘時空了。

賽切尼浴池占地遼闊，大大小小的池子各有不同深淺與溫度，我興沖沖下了一個滿是人潮、像極游泳池的溫泉池，陽光下二十五度溫度，竟是帶著涼意，當場令人心也涼了半截！以為可以

塞切尼溫泉浴場——下西洋棋的大叔們一戰再戰，下了幾回合、換了幾個組合後，還可以回頭再戰。

享受到熱騰騰的溫泉滋味，終於可以擺脫捷克用喝的溫泉那樣的不盡興，沒想到一下水，盡是「常溫溫泉」。不死心再到另一池大溫泉池去攪和，溫度升高了些，也是三十幾度的略高溫，美其名有冷熱不同池，對於台灣的愛泡湯仕女們來說，一定沒差，通通都是冷水池！

還好陽光實在和煦，曬得臉非常舒服，大池裡的水深對於我這個小個子而言已非常足夠，站在最深的水池裡還會有略略淹到口鼻需要踮腳的危機，能有這麼多的身體體積都在水裡，還是使人滿欣慰的。沿著池隨意走走，向淺處去轉角處就看到一群大叔靠著溫泉池的扶手小平台下起西洋棋了。大叔們肥肥的肚腩埋在水底，隱隱約約看得出肚子的弧度和蹲馬步的屏氣凝神，不甘示弱的雙方後方，還圍著一群「觀棋不語真君子的」軍師們，軍師大叔們也眉頭深鎖，看著棋盤彷彿對戰雙方就是自己；這等溫泉池中的下棋時光，使我想起童年的榕樹光影，那時爸爸總是帶著小小的我去小南門附近的榕樹下觀戰，臨走前還會在旁邊小書局挑幾本象棋棋譜再離開，準備挑夜獨自切磋切磋。如今這群賽切尼西洋棋大叔也不輸當年的小南門象棋大叔，邊泡溫泉邊下棋的一箭雙鵰，不失為強身兼調劑的好方法！

起身向旁邊的庭園走去，隱密樹叢間是一個超大烤箱，像是玻璃溫室大般的烤箱，兩旁展開的人群都靜坐不語如同瑜伽大師，烤箱溫度非常高，倒是補足了溫泉水的低溫、給出令人滿意的可烤出油脂溫度了，然而十五分鐘後，我卻也已感到自己體力不耐，瞧瞧烤箱裡嬉皮般的烤友們，各個汗水大珠小珠落烤盤，卻也都能文風不動，真是佩服大家的烤力了。庭園另一角蒸氣室整修中，我再次回到西洋棋大叔的浴池裡，這次大叔們已經又換了一輪了，一位大叔忍不住為戰友下指導棋，對岸戰友還來不及開火，下棋隊友已經先聲奪人，他覺得軍師指導棋下得不好，要軍師閉嘴。軍師和隊友有點火氣，雙雙肚腩挺著，不一會兒又陷入沉思，棋盤的世界與溫泉池裡的男男女女你儂我儂氣氛完全兩樣，這裡是行家們的鬥智時光。傍晚七點多，太陽漸漸西下，我開始感到水冷，賽切尼溫泉八點關館，想來也是合理，沒有太陽的常溫溫泉，再下去就要打哆嗦了。

回程路上心滿意足，身體都散發著放鬆的愉悅，每個毛細孔都在唱歌。夜色裡的布達佩斯，透著林蔭間灑下的朦朧月光，古典電車從大橋上亮燈行駛，像是火車劃過城市，多瑙河上的夜船仍在行駛，當低矮的私人轎車伴著大公車穿梭在多瑙河上的大街小巷時，各種燈色便逐漸交織，將布達佩斯暈染成一座充滿奇想的海上之城了。

基拉伊溫泉浴場（Kiraly Gyogyfurdo）

循線索驥，在白日悠哉的布達佩斯漫步光影裡，夜晚我來到基拉伊溫泉，一座觀光客並不盛行的溫泉浴池。基拉伊溫泉位在都市之心的公園裡，佛心開放到夜間九點，有著大眾澡堂的親民

塞切尼溫泉浴場——有什麼比坐在溫泉浴池看書更愜意的呢？

塞切尼溫泉浴場——不一定要下水，日光浴也是王道。

塞切尼溫泉浴場——一座座溫泉浴池，夏日裡像是冷水池的溫度。

布達佩斯基拉伊浴場——充滿城市風情的公園溫泉，泡湯客下班後三三兩兩來報到。

布達佩斯基拉伊溫泉——可愛吹風機，讓浴客都能舒服吹髮。

布達佩斯基拉伊溫泉——土耳其式溫泉，四百多年歷史流淌布達佩斯城市靈魂。

便利，建於鄂圖曼土耳其時代的十六世紀，四百多年的悠久歷史，都在滿室氤氳中緩緩上升。進到裡頭不覺驚嘆，不愧是布達佩斯保存最好的土耳其風建築之一，浴池小巧，雖然不是豪奢貴族的氣派場面，卻充滿了濃濃東歐的在地情懷。

閃亮的天井下，土耳其風的八角形溫泉，讓浸泡在裡面的人可以躺在池邊仰望星星。女人們穿著泳衣在裡面或躺或泡，濃厚的中東風情，讓湯池中的主角都成為電影一隅。湯池顏色昏暗，很符合都市一天後想要隱形的城市人心情，水溫夠熱，泡起來有種親切感。男男女女都可以在浴池裡的澡堂，有幾對情侶親熱地靠在一起，顯出此刻確在異地。相比在台灣湯池裡的老手咖，進去湯池如果還東動西動，肯定會被叫出來教育訓練一番，基拉伊溫泉流洩出的慵懶各不管人風味，是一幅充滿現代性的城市風情畫；不同的還有環場氛圍，台灣的老媽媽湯池肯定聊天開嗓，這裡的泡湯人各個靜默，沉醉在自己的蒸騰泡泡中。

這是一間令人非常難忘的溫泉浴場，更衣間一格格東歐色彩，浴池裡無人干涉的靜謐感，顯出上班族只想放鬆的盡在不言中。泡湯完再走一段路，就來到月下賽切尼鎖鏈橋上等電車。賽切尼鎖鏈橋非常美麗，月光下這座橋上的一切都顯得遼闊如海，在站牌下等車也彷彿站在螢光海上，遠方我的車緩緩駛來，司機打開門，親切問好再吆喝我上車，聽著電車的搖鈴聲，一路搖回了民宿夢鄉。

盧達溫泉浴場（Rudas Thermal Bath）

一到布達佩斯，就和最喜愛的作家C約見面。我們約在地鐵站上來的入口，布達佩斯的地鐵階梯不是普通的長，深不見底的地道，讓我想到埋在北歐地底的核廢料，如今我就坐著這樣深的地窖階梯上來，一看到C，真有異鄉遇故人的萬般喜悅！C給了我很多很棒的旅人建議，在未來的停留裡，我幾乎是帶著C的叮嚀走布達佩斯，也讚嘆她的料事如神。獨自旅行後的某日下午，我們就約著要去她的愛湯盧達溫泉見面了。

盧達溫泉是另一間土耳其溫泉，同樣是鄂圖曼時代的古老歷史溫泉，池水清澈、浴池風雅。整體土耳其八卦浴池都比基拉伊浴場要更大更明亮一點。盧達溫泉採光更明亮，池水也有一種幽淨之感。溫泉主池有兩池，冷水與熱水，難得的是熱池的溫度可以來到專業級的四十二度，泡起來毛孔張開非常舒服。冷水池則是溫度宜人，不似台灣山中溫泉的冷池冰透，盧達溫泉的冷水池微涼，躺在那也格外愜意。C笑說在冷水池也是懶人池的做法，可以舒舒服服泡下去。我不禁點頭如搗蒜，沒有高溫的冒汗、冰溫的寒氣，夏日裡的冷水池很容易使人忘了山中日月，只想低下身癱在池裡，仰望浴池天頂的彩雕玻璃，再望向頂外天空、無邊無盡地泡下去。不同於布達佩斯

布達佩斯街景——手牽手，情深伴流年。

布達老城區——走出 17 門牌，騎上自行車，這一程自由即將拜訪誰？

許多大溫泉水療池必須穿泳裝的浴湯習慣，盧達溫泉很特別的開放裸湯！每周一天的 Lady 時間，女人們開心地裸湯，每一寸肌膚都可以完整地感受湯池擁抱，令人快活。除了仕女溫泉，盧達溫泉也開放男士時光，男性有四天喔，不禁小小怨嘆男女不平等的占湯時光，但能讓男男女女都可以裸到開心，擁有自己的裸湯時光，仍然值得一個榜首的讚。盧達溫泉每周也開放一天的男女混浴，當然這種時刻就不能脫光光了，可得穿上泳衣才行。

布達佩斯山洞教堂——盧達溫泉附近的洞窟教堂，

布達佩斯國會大廈——海上看國會大廈彷彿移動的城堡。

天體營烤箱

男女混浴不用穿泳衣，我還真泡過呢，在德國漢堡飯店遇過、在瑞士巴賽爾希爾頓飯店裡的三溫暖又再碰到一次。記得當時為了參加達賴喇嘛尊者在德國漢堡的開示，特別住到了漢堡五星級大飯店。舒適大廳、曼妙鋼琴，都讓人一踏入飯店就感到舒爽愉悅。夜裡就想趕最後截止時間去飯店三溫暖泡湯，毫無異樣地進到烤箱，一推進去發現烤箱裡坐了滿滿兩排人，男男女女、壯漢小孩。披著浴巾的我當下不好再推門出去，先進到烤箱坐著。烤箱裡有位披著浴巾的小女孩，一直瞧著另一位浴巾落下光溜溜、兩腳甩甩看起來好自由的小男孩，女孩鼓起勇氣問著身旁的女士說：「媽媽，我可以跟他一樣嗎？」媽媽立刻說：「不行！」這位媽媽也把浴巾包得嚴實，看來都是跟我一樣誤入禁區的觀光客。烤箱鴉雀無聲，男士們輕鬆地把浴巾繫到腰上，烤箱裡有一位女性勇士，光溜溜也自在烤著，雖然烤箱溫度實在舒服，但我烤了一會兒還是默默退出了，這種不分性別共烤的烤箱，真是考驗人的極限啊。這次烤箱經驗實在令人震撼，在這樣的男女共烤烤箱裡我實在無法讓自己在眾人前坦誠相見啊。

惦著自己的鎩羽而歸，第二次來到瑞士巴賽爾，就確認再三，發現又是男女共烤時，這次我從烤箱外探了半天，發現無人，實在太想烤便興奮地衝去淋浴完畢，打算貪圖個無人時光占據烤箱。沒想到淋浴完再推門進去，一位超級像老年史恩康納萊的個性爺爺已經躺臥在裡面。我再次決定試試看自己有沒有辦法男女共烤。這次我學大叔躺臥著，爺爺躺在上層，我躺在下層。不一會兒，上層的爺爺轉向下層的我說著：「嘿，妳不要包著浴巾，要把浴巾拿下，這樣烤才舒服。」我對爺爺笑笑說：「我不敢。」我臉上蓋上毛巾繼續烤著，又過一會兒爺爺又對我說：「妳是因為我在不敢脫浴巾嗎？那我轉過身去，我不要看妳，妳看我轉過身去！」爺爺一邊說著，一邊枕手轉過身去，我其實覺得爺爺好可愛，但我真的不敢。爺爺看我這樣，他轉過身來又跟我聊天，說他天天都來烤箱好舒服！「天天來啊？」我拿下臉上的毛巾問爺爺。他說對啊，他是會員天天來，烤箱很舒服，沒有日光浴的時候就靠它了。

日光浴，我想起來了。在柏林的東德博物館裡，印象最深刻的是東德博物館裡一面牆的天體營攝影，男男女女裸身野餐、在太陽下日光浴，這是一九五〇年初的東德流行活動，而事實上天體營的習俗追溯至一九二〇年以前。照片裡的人看起來好舒適開放，看來天體營不只是東德嚮往的活動，也代表著嚴謹的德國人，血液裡也有這面奔放的追求，天體營代表自由精神、也有健康概念，這樣也許就說明了在德國五星級飯店裡也有天體營烤箱是如此自然的事，影響所及最靠近德瑞邊界的巴賽爾希爾頓也是了！沒想到四年前的東德博物館照片，今日倒是走近一點影中人側影了。

塞切尼鎖鏈橋一景——海闊天空，此時此刻涼風吹。

小孩列車

常住布達佩斯的作家C告訴我，一定要去搭小孩列車喔！這天天氣涼爽，我到了小孩列車的起站，決定去探個究竟。小孩列車起源於東德的童子軍傳統，為了貫徹童子軍的服務樂群精神，開出了一班特別火車航道，都由十二至十五歲的小男生工作。到小孩列車站前，必須先到半山腰坐一趟小火車上到山上。小火車黃色車身非常可愛，坐在裡頭很像坐一般山裡的電車，一路上乘客稀稀落落，應該是這幾天天氣微雨，並不是到郊外踏青的好時機。我看了看天，連著幾天的布達佩斯大太陽，這天陰雨霏霏，倒正適合走走呢。

小火車一路上山，有種阿里山小火車的尋幽訪勝感，車行上山也有不少住在半山腰上的居民上下車，看來這班通往小孩列車的班次，也乘載了許多在地住戶。到了最山頂下車，可愛的大火車就在眼前了。老式優雅的火車站裡掛滿許多小孩列車歷史，買了張票繼續往山頂坐去，這次售票櫃台裡是一位俊帥的「小孩」列車長戴著列車帽在售票。櫃台後列車長身旁也有幾位小孩同事一起顧班，他們熱情賣票，我們聊起天嘻嘻哈哈。剛剛錯過一班車，等下班車的時間要三十分鐘。

坐在微雨中，看到一班傳統大火車駛近站亭，列車上載滿穿著鐵路制服的青少年，他們開心地在車上玩耍、火車停下，他們在軌道上奔跑。這時我身旁的一對老爺爺老奶奶提著手裡的便當，起身走向其中一位小孩把便當交給他們，閒話家常才又道別離。列車再度準備駛離，小孩們紛紛上了列車，我拿起相機拍照，小孩們看向我開始瘋狂打招呼，他們脫帽向我揮手，我按下快門，也向他們招手微笑。

看著這群可愛的小男生，恍惚中像看見二〇〇六年去葡萄牙遇到的一群帥哥男孩，彼時在芬多城堡前，我們四位女孩向一群男孩問路，葡萄牙男生實在俊帥到不可思議，個個臉龐都像年輕的亞蘭德倫，女孩決定玩一個遊戲，我們堅持只說中文，而他們也只說葡萄牙語，比手畫腳中完成了指路討論，最後還拍了一張共撐著小黃傘的可愛照片。一晃眼就是十年，如今已是一位獨遊的女子了，昨日的笑語仍然清晰可聞。

現在這群小孩列車上的德國小男孩也開心地向我打招呼，我們彼此送出歡笑祝福。這群小孩列車走了不遠，屬於我的小孩列車也到了，車上依舊是小孩列車長查票、剪票，我循線繼續往山中纜車的方向去。列車上已是人煙稀少，更驚訝的是，纜車站到了，只有我一人下車！環顧四週，這偌大的山上，只有我一人了。眼前是等腰高的芒草，我再無回頭路，只好上了階梯，我想到被虛擲在世界的聶隱娘，後退無門，只好硬著頭皮一路向山中探去。

（前方若出現猛獸，必死無疑……）

布達佩斯小孩列車——微雨山中，小孩列車起站即將上路。

布達佩斯小孩列車——對著我開朗揮手的童子軍們，紛紛笑顏探出窗外彷彿我們相識已久。

Budapest

小孩列車

帶著這樣的忐忑，不斷向前走去，山中一人，小徑悠長，無人陪伴讓路徑顯得詭異，在進退無守的情況我繼續向前走。慢慢腳步放慢了下來，鳥聲、風聲和微雨讓一切顯得超現實，彷彿被放逐在另一顆地球般的遙遠，終於我看見前方有人。

布達佩斯街景——夏日布達佩斯，不時可見水光瀲灩。

布達佩斯——藍色多瑙河——蔚藍海天，布達佩斯特有的藍。

BREITLING

山頂纜車

三兩位遊客在山頂公園漫步，沿著終於出現的告示牌我看見了纜車站。正要放下大石頭，卻發現更令人屏息的時刻來到，纜車無門！說是纜車也不過就像是空中椅子，人晃在空中就要飛升向下、穿過遙遠的另一方了。這實在太既視感了！腳下是兩個山頭間茂盛的森林、遠方另一頭纜車還在視線模糊處，更要命的是我懼高。原本天不怕地不怕很能挑戰雲霄飛車的自己，大學時出了一場嚴重的車禍，被甩出摩托車外的飛翔感當下只覺呼吸都忘記，爾後竟開始有了懼高的情況。猶記得車禍隔幾年到香港海洋公園，漂亮的半透明球形纜車，我興奮坐進去，這才第一次體會到自己有了懼高症，整趟旅程我感受到自己在密閉球裡驚嚇到無法張開眼睛，呼吸幾乎要停止，最後我坐到圓球纜車地板上還緊抱著中間的鐵柱，頻頻和玩伴說真不好意思啊，我頭暈。香港海洋公園的纜車壯烈經驗，讓我第一次體會到自己的嚴重懼高症，接著便是重溫兒童樂園想挑戰自己卻驚慌半死的小兒科摩天輪；巴黎協和廣場的巨大摩天輪、全程眼睛緊閉只依稀記得微張眼時隔空車廂裡情侶的兩顆後腦勺；以及摩納哥耶誕市集的摩天輪等，看到摩天輪我都想挑戰它挑戰自己，然後通通是心臟完全要跳出來、眼睛完全死閉打不開的狀態。最後一次記憶是陪小姪女在香港迪士尼坐一個升空後矮到不行的米老鼠小飛機，飛機才一升空恐懼又再次出現了，明明理性上知道高度實在不高，但在飛行旋轉時就是覺得天旋地轉，只能緊抓著小機翼無法張開眼睛。結果這麼懼高的自己，如今居然要坐著「小露天椅子」，綁著一根「小腰帶」，從這山晃到那山？更可怕的是纜車無人，滿山輸送帶上都是空椅子，方才的兩三位遊客也已不知去向。

我掩飾驚慌地問著唯二兩位纜車操作大叔，我不坐纜車有辦法下山嗎？「那不行喔，下車一定要坐纜車。」大叔悠悠地回答我。請問纜車多長？「坐過去十五分鐘喔。」大叔輕輕鬆鬆地回答，

布達佩斯山間纜車——下山路只有纜車，硬著頭皮也要坐下去。

我簡直要暴斃。我一邊害怕一邊強迫自己坐上了纜車，這個兩人並排的小露天椅子，如今右邊也是空蕩蕩無人，我簡直失了理智地找話：「先生，那你可以陪我坐下山嗎？」大叔笑起來：「我沒辦法啊，我需要控制纜車台。」（也對，人家要上班，我是在邀請什麼？）真的是病急亂投醫，當下怕得要死也只能硬著頭皮上了。我告訴自己一定要努力呼吸、張開眼睛，挑戰自己的懼高症。

纜車出發，我撐起小折傘、坐在騰空的椅子上，其實有種超現實的喜感。飛行時刻感覺兩腳懸空心也空空，開始不斷在心底持誦綠度母咒，告訴自己色即是空空即是色，眼前所擔憂一切都是妄想，當這一切努力幾乎要失去控制時，或許是因為風聲、鳥聲、雨聲，或許是因為自己的心跳聲，時間忽然靜止，我感到自己身處在後現代電影般地成為後設人影，腳下的一片森林實在太過遼闊巨大，以至於坐在纜車椅上的自己恍如置身宮崎駿《魔女宅急便》電影中；纜車下降，森林夾道，我伸手就可以碰觸兩旁的樹葉，纜車上升，我的腳尖向下蹬就可以踩到森林的樹葉帽頭頂。恐懼仍然在，我靜靜地呼吸，感受自己與恐懼同在，讓心臟不再這麼不受控制地想要奪門而出。

漸漸地這長達「十五分鐘」oh my goodness 的纜車旅程終於有了片刻鎮定，彼岸花也遙遙開在彼岸等著我了，十五分鐘的空中懸浮終於落地。航程中我想起我很喜歡的措尼仁波切曾說的高空恐慌，理智一回事但身體的感知卻不受控制，除非你擁抱這份感知、接受自已的恐懼，恐懼才有跟你成為朋友的一天，很有道理的開示，做起來非常困難。下了纜車回望來時山，仍感到遙遠而不可思議，但也因為度過此山，我的記憶裡從此有了騎掃帚飛越森林的奇妙回憶。那些針葉林樹木、吹過的風、掃過的落葉，都使這趟纜車之旅，成為永恆的定格。

還是會害怕，但是終究好了一點，希望有一天可以真正穿過心上的恐懼，到達彼岸啊。

布達佩斯電車——山間電車，滿車乘客，個個風華。

捷克帶來的薰衣草與布達佩斯電車——城市旅行成了疊影，每一個光影都更接近回家的路。

恐怖之屋與 Zed 餐廳

恐怖之屋裡展示了二戰猶太人被屠殺的歷史，赤裸裸的攝影照片與影片，紀錄了希特勒時代德國光榮如何使一整個世界的道德產生顛覆，以光明為名的惡，徹底毀損了數以萬計的民族幸福，恐怖之屋裡緩慢而奇特的襯底音樂推進，讓猶太人的悲慘世界活靈活現在博物館重現，這是一個不可錯過的了解猶太人歷史博物館。最令人揮之不去的是其中一層樓影片裡，層層疊疊堆上的裸體屍體，屍體如廢棄物，亂世下身軀不再乘載靈魂。博物館裡也展示了在二戰期間，捷克、匈牙利與丹麥等國如何設法掩護難民，讓猶太人能夠偷渡逃生，作家C說有些人會覺得恐怖之屋也是匈牙利想要洗白自己成為罪犯國之一的途徑，這使我想到曾經和詩人尹玲參觀胡志明市的「戰爭和平博物館」。尹玲說：「和平博物館以『和平』為名，用和平鴿作為象徵，但是這些都是當局粉飾太平的兩面手法。」而我久久不能退去的恐懼，是戰爭博物館裡美國大兵對著鏡頭一手比YA，另一手高舉著越南戰犯的頭顱，嘴上掛著得意笑容的攝影照，還有舉世聞名的得到美國普立茲新聞獎、國家地理頻道攝影獎的金芙（Kim Phuc）女子被火紋身的傷疤，及她童年著火在街上奔跑的照片。戰爭何其殘酷，敘述只能進入戰爭的斷片，但真相永遠留給受難家屬家族傷慟的烙印。

恐怖之屋位於老城區，漫步老城格外幽靜，恰恰適合拋擲揮之不去的悲傷，讓歷史控訴慢慢沉澱下來。走在石頭路上，一切心事也有了回聲，老城裡的所有商店都像是嵌在石頭裡一樣可愛，古老的店隱姓埋名經營著小本生意，我想到在林口經營柑仔店的外婆，從曾祖母時代一路下來母系傳承八十年的柑仔店，小本經營、童叟無欺，也很像布達老城區中的雜貨小店，買了一罐可樂，繼續漫步在晚霞的布達佩斯中，看著街上喜歡穿全身棉質細肩帶洋裝、花花俏俏可愛迷人的布達佩斯女人們，裸著古銅色的肩膀，走在石頭路上。一轉彎，瞧見一間可愛的餐廳，餐廳門口站滿了等待的人，向人潮肩膀空隙望去，是一間向下探去的地窖式餐廳，旅人的直覺，這應該是一間美味的在地餐廳。

恰好是晚餐用餐時間，等不多會兒就排進了餐廳位置。俊帥如李奧納多狄卡普里歐的侍者，帶我走向地窖，引領我來到一桌可愛的雙人餐廳前坐下。看了菜單點了一份牛排，開始享用今晚大餐。特製餐前酒香甜入口，手工麵包香脆帶有嚼勁，沙拉醬清爽多層次、最重要的是主菜牛排好吃到驚為天人。還記得在巴黎每每與友人用餐，大家就會搖頭說起巴黎這個美食大國，怎麼每次牛排總是過老？而如今我在布達佩斯這間地窖餐廳，享用到了有生以來最美味的牛排，蘋果肉桂手工蛋糕也好好吃，整套套餐下來也不過一千台幣出頭，這真是一間令人魂牽夢縈的餐廳。想到自己在布達佩斯還有這麼長可以揮霍的時光，用餐完畢我立馬跟櫃台訂下下周的晚宴，決定再度光臨 Zed！是夜，便在恐怖之屋與 Zed 的感官衝擊下，一路漫步老城走回民宿了。

布達佩斯中央市場——甜甜圈、百匯比薩，應有盡有歡迎光臨。

布達佩斯中央市場——新鮮蔬果，日常天堂！

布達佩斯中央市場——顧市集也看報，人生小確幸。

岩洞醫院與布達城堡上的馬匹節慶

岩洞醫院是一間地道式醫院，它就埋在布達城堡下的石頭裡，穿過一條深深的入口，可以走進這座岩洞醫院。醫院有導覽，每三十分鐘開放一組參觀遊客進入，恰恰好錯過一班可進入時間，我逕自向山上的布達城堡走去。城堡上非常熱鬧，城堡區有很多遊客，如同布拉格城堡般，觀光人潮總湧現於城堡，然而客觀說來，布達城堡的遊客仍然是明顯少於布拉格城堡的。廣場上有一位英雄騎著馬匹，這是布達佩斯有名的聖徒。我湊向人群看，一群明顯像是匈牙利當地居民的教徒爺爺奶奶們，正圍繞這個馬匹銅像在歡鬧。一位戴著牛仔帽的老爺爺先站上階梯，用手帕擦了馬匹肚子，接著又高舉手上的手帕，底下的人鼓掌歡呼，老爺爺又開心地喊叫下一位上來擦馬，我實在好奇極了，湊上前去問老爺爺這是在做什麼？老爺爺一把把我拉上階梯，老奶奶忙遞給我手帕，也要我按表操課，我看著大家期待的表情，入境隨俗擦了馬匹肚子一下，大家都笑翻了，為我瘋狂鼓掌，老爺爺還把我推上了馬，眾人歡呼恭喜我爬上了馬背，雖是丈二金剛摸不著頭緒，我也被現場的歡笑氣氛給感染了。下了馬背才知道，我擦的可不只是馬肚，而是馬睪丸，這是一個童軍留下的儀式，在一年一次的聖徒日，夕陽時分用手帕擦亮馬睪丸，象徵財富滾滾、名揚四海，知道真相後我也笑翻了。和這群可愛的老爺爺老奶奶道別，我進了布達佩斯教堂，買了一張幾天後的夜間教堂音樂會票，再繼續回到岩洞醫院準備一探洞穴遺址。

岩洞醫院是一條長型地道，沿路有好幾間密室，裡面充滿醫療器材、急救病床和蠟像醫生、護士、各種疾傷的病人。有幾間密室裡設有廣播聲響，病人的哀號在岩洞裡迴盪，導覽人員仔細地訴說當時急救動線、二戰時的傷病兵士在這裡得到重生的機會。岩洞醫院病人最多可以容納到七百多人，在這條長形的隧道展覽裡，驚人的是還有許多祕密通道未開放，導覽青年說地道長達十公里，如今展示於世人眼前的只是十分之一的長度。

這種幽深於地道的生活，空氣都顯得稀薄，我忽忽想到初次自助旅行到英國時，我和我的旅伴住在威爾斯偏僻的山間，打開民宿床頭櫃抽屜裡，意外看到不遠處有一個大礦坑展覽場。旅伴興致缺缺，我卻充滿好奇，第二天就鼓吹她開車奔向大礦坑。到了礦場，我們和一群正準備參觀的英國叔叔阿姨們一起排隊，每個人頭上都被套上礦坑帽，坐上礦車出發，「咻！」一聲礦車開始以四十五度傾斜，快速向地心奔去。我們緊抓礦車頭，感到自己急速下墜像要飛出去，地底之深彷彿十八層地獄，礦坑深度實在出乎想像，等終於到了礦坑地底，我們走進礦坑，一進去是像鐘乳石山穴一樣高曠的中空山壁，裡面有兩池大大的油坑，走在地底溫度十分低涼，想像礦工們的生活，實在苦寒。這次的英國礦坑探險，多年後在台灣的十分礦坑得到銜接，十分礦坑還有台灣唯一的日式五分車，前行經過小路蜿蜒如探巫師路，再前進便是如今台灣少數僅存的礦坑遺址，瑞芳礦坑多為平礦，不用下到堅硬的岩石地底，而是鑿山前行，但也相對容易礦崩，造成礦工死布達相聚——雨中登樓擦馬匹睪丸，飄飄細雨檔不住童軍意志。

布達佩斯老教堂前的擦馬匹睪丸儀式——神士們已準備就緒，一群正裝備好的老爺爺老奶奶們已團團圍繞。

布達佩斯馬蒂亞斯噴泉——逛完國家藝廊，看到噴泉就是解救，立馬坐下來好舒暢。

布達佩斯馬加什教堂、聖三位一體廣場——紀念黑死病的聖三位一體廣場，和教堂面面相覷。

亡、無數家庭破滅。我看著十分礦坑，想起英國的十八層地獄礦坑，想像那些不見天日的礦工生活。

進到岩洞醫院，那些在岩洞裡躲避度日的模擬場景，從二戰到匈牙利與蘇聯戰爭的五〇年代，岩洞醫院都負起祕密醫療的重大任務，同樣山洞兩樣情。地洞是一個魔幻的場域，既使人喪命，又使人得以庇護，進到這樣寒涼的溫度裡，就感受到人世間的各種艱難，往往都是這樣百轉千迴、地道般地在奮鬥著。

Zed 豬腳與李斯特紀念館

不知不覺一星期又過了，沿著老城區的石子路，再次夜行布達，來到 Zed 餐廳，這次點了匈牙利豬腳餐，一樣沒有讓人失望！美味的餐前酒再次勾起記憶的味蕾，餐廳裡形形色色的當地居民：紳士、雅痞、帶寵物的少婦、一家同歡小家庭，占據地窖裡大大小小的桌子。微光蠟燭竟夜燃燈，餐廳有種說不出的浪漫，帶著此生無憾的飽足心情，我得意洋洋又喜孜孜地回到民宿床上。夜裡想到，在床上滑著手機登入李斯特音樂學院網頁，打算尋尋是否有夏日最後的音樂會，晴天霹靂的殘酷舞台頓時降臨，有！夏日最末音樂會，就在我吃豬腳的時候上演完畢。實在太憾恨了啊！最後一場的演奏音樂會後（而且是免費表演），李斯特音樂學院即將進入暑休，也不再對外開放。

和C約在一間很可愛的餐廳吃早午餐，露天桌子下陽光煦煦，我說著：「李斯特音樂會的最後一場夏季演出，我竟然在 Zed 吃豬腳！」兩人對視忽然噗哧笑了出來，她說著：「旅行就是會這樣啊。」好感謝C的溫暖。這使我想到我在米蘭對錯過的米蘭國家音樂廳表演耿耿於懷、對巴塞隆納錯過的佛朗明哥舞惋惜再三，這些旅行的殘念的確都使我對城市更加想念。錯過，或許也是旅行的必備進行式，都玩盡了也就無念想了。這樣默默想著，也就慢慢接受了李斯特音樂學院

李斯特紀念館——書桌拉開也有鋼琴、小行李箱裡也是鋼琴，展現隨處都辦公的決心。

的最後一場演奏會，我沒有趕上而在遙遠一方默默吃著豬腳的憾恨了。

所幸音樂學院沒去成，最後還是有到李斯特紀念館走一走。李斯特紀念館精緻生動，有他生前使用過的鋼琴展，最吸引我注意的是他利用書桌，將桌面做成一個古典優雅的小鋼琴台，方便他在臥室裡也能繼續編曲工作，鋼琴書桌非常可愛，除此之外也有便於攜帶的小鋼琴提箱，這實在是工作狂的最佳寫照啊。

李斯特紀念館——擺滿各個時期的李斯特使用物品。

布達佩斯馬加什教堂演奏——隔了幾天再上城堡教堂聽演唱會，坐在第一排看指揮就在眼前揮汗如雨，
感受滿場聲音迴繞的激動。

教堂裡的音樂會

再次回到布達佩斯城堡上的深夜音樂會，座位隨興，我因為提早來到坐在最前方的席次，貝多芬旋律優美動人，茶花女歌劇依舊動人心肺，演奏單上是耳熟能詳的作品，儘管是聽了千百回的同樣曲目，在不同場域裡演出仍然成為獨一無二的靈光時刻。教堂尤其是令人感動的場合，我記得無數次推開教堂大門聆聽聖歌的震撼，心跳都要少一秒的聆聽。記得巴黎左岸上可愛的

布達佩斯伊什特萬聖殿——結合新古典與新文藝復興風格的大教堂，仰望穹頂彷彿可見盛世繁華。

Saintt-Séverin 教堂彩繪玻璃下的夜光聖曲音樂會，塞納河畔充滿香氣的 Sainte-Geneviève 教堂的大合唱，尤其記得有一年夜裡特別坐火車夜車到巴黎北部的亞眠（Amiens）城市看聖誕夜的教堂牆上光雕投影劇場，回程回到 Les Halles，一出車站驚訝發現 Saint-Eustache 教堂居然傳來聖歌，午夜十二點教堂夜未眠，這天我進到這間巴黎最古老的管風琴教堂，站在人群中一起領受聖誕夜的奇妙恩典。巴黎人讓讓位子、幫我翻詩歌書頁，讓我進入人群中一同向上帝禱告。心靈靜默時刻，音樂也從教堂聖殿穿透我身，帶領我心滾燙。聆聽著布達佩斯教堂裡的音樂會，這些心動的人生瞬影，就這樣悠悠浮現，我跟著音樂一起唱著：「阿～門！」

布達佩斯伊什特萬聖殿——新城佩斯最高最大的教堂，內部也華麗非凡。

布達佩斯廣場一景——談天就是要自在，翹腳又何妨。

布達佩斯街頭藝人——陽光下酒櫥前，一把樂器就是此生摯友。

布達佩斯地鐵——席地而坐的旅者，天涯一家人。

民宿驚魂夜

不知不覺也就到了離開布達佩斯的最後一天了。因為太喜歡這座城市，我取消了到布達佩斯鄰近城市的車票，一心一意地在城市裡一天天待下去，但也終於到了該離開的日子。

夜裡正收拾行李，忽然就聽到大門傳來敲打聲，「碰碰碰！碰碰碰！」我想著不可能是找我的，也就毫不理會。「碰碰碰！碰碰碰！」沒想到聲音越來越大聲，已經到了無法不管的地步。半夜兩點，看來都沒有室友要去應門，我起身走過大廳、走向門口鐵門。打開門，一位青年滿身醉氣，急急衝進屋內，我連忙又把門推上只剩一個縫縫，問他有什麼事？他說：「××××，Stephan～××××，Stephan～」醉酒男說的都是匈牙利語，他不會說英文，我真是聽不懂啊！迷迷糊糊裡猜著，Stephan？Stephan？他開心地點點頭，達成共識，我現在的任務是找出Stephan這個人。

隔壁的一對情侶已經搬走，想想可能就是那位泡澡男孩吧。我請醉酒男等等，開始走向廚房旁的另一間客房門，敲敲門。門一打開裡面居然又有三間房，這真是大出我意料之外了。那麼Sstephan在哪裡呢？我只好一間一間敲門，第一間房急敲半天無人，再敲第二間房，這時第一間房門打開了。「Stephan？」「Yes.」史先生搔搔頭一副大夢初醒的樣子，太好了，我請這位英文也不太通的 Stephan 到門邊見他的朋友，酒醉男像是找到救兵，歡聲鼓舞，看來那位鬼吼鬼叫的醉酒男也沒有那麼可怕，警報解除。

這使我想到同樣是多年前和女孩在英國旅行時，住在一間獨棟可愛的白屋民宿裡，夜裡居然有一位醉漢不斷敲門，對著門內大吼大叫，很顯然他要找的人不是我們，但他執意要闖入。敲門之後變成撞門，接著聽到呼呼聲，看樣子是在門邊倒頭大睡了。當時的客房裡不含廁所，正好要出門去上廁所的我，這下可困住了，實在發愁，貼心的女孩翻出一個塑膠袋，她說不然上在這，「然後呢？」我問她。她說著：「等等可以倒在那。」女孩比比房內的迷你洗手台。這實在太滑稽了，我覺得好笑但終究沒有臉這樣做，老天保佑也就沉沉睡去。第二天一早民宿 Madame 還特地向我們道歉，奉上了親手特製的雙倍起司早餐。再過幾天又遇到醉漢夜裡當街咆嘯，英國啊，就帶給我這樣初初的印象，白天裡文質彬彬的人，夜晚幾杯酒下肚是會像月夜狼人般，變成另一個樣子的唷。

最後一夜布達佩斯夜，就在醉漢敲門中，結束尾聲。

布達佩斯國家藝廊風景——在法國巡展過的畫作，來到布達佩斯，遠方置物間的女郎，正開心迎接她的日常。

3

哥本哈根

丹麥

Copenhagen

維京海盜的國度

往哥本哈根的飛機上近鄉情怯，哥本哈根是我一直想再回的城市，沒想到一別就是十五年。猶記得當時和旅伴決定去英國自助旅行，漫長的一個月裡我們有一個機會可以再到一個申根國家，當時我毫不猶豫選擇了哥本哈根，我想去看這個童話王國、去看小美人魚，儘管我一無所知，但我想去維京海盜在的國度。

那時節因為年紀輕、旅伴也沒去過，她只在旅程中選擇了短短四天停留，我因為是第一次到歐洲自助旅行，也沒有太多把握不敢多停留，但是北歐的雲啊、北歐的藍天啊，還是霎然就吸引了我的目光。那是難忘的四天旅程，雖然旅行中也有插曲，因為還有失戀的傷，我忽然沒來由地過不去，獨自淚灑街頭、掉淚到泣不成聲，紅綠燈亮起，我遊魂般準備過街，一位白髮丹麥老婆婆見狀就上前拉住了我，她問著我：「嘿，女孩，妳為甚麼哭得這麼傷心？」我淚眼汪汪，老婆婆眼眶也紅了，她指著天上對我說：「上帝保佑妳，祂在天上看顧妳！」這真是我旅程中最溫暖的時刻，從當時至往後，我都會記得那個夜晚，那位素昧平生的老婆婆，是這樣真摯地上前拉住了我，要我不要對生命灰心。

如今坐在往丹麥的飛機上，我的身旁是一位西裝筆挺的男士詹姆士，我們聊起天，詹姆士是土生土長、道地的哥本哈根人，到布達佩斯公差，如今要再回到丹麥去。相談甚歡，他知道我要到丹麥旅行，寫下了他心中的口袋名單，後來的五天裡，我簡直是按圖索驥般參照了大部分男士的推薦，然後驚喜地發現他所推薦的地方都是這樣迷人、令人忘懷。這真是旅人的運氣，有時候我們會遇到指路天使，他用他對城市的熱愛，給予旅人最佳建議，有時建議讓人莞爾而不適應，但詹姆士的推薦，卻帶給了我十五年後另一個難得的生命經驗，進入哥本哈根的狂野與藝術。

丹麥・哥本哈根運河——多年前邂逅的夕陽明媚換成涼爽陰天，港口風華暗下不少，有些風景錯過只待成追憶，比如風光、比如旅伴。

17

哥本哈根機場與中央車站

飛機降落在曙光乍現之時，哥本哈根機場被晨曦包圍得透亮，整片落地窗都是陽光暖意，烘得人心又亮又清爽，機場像是一個大烤爐，將所有一切心上多餘的都燒盡。我帶著小小的行李箱，坐上往市區的地鐵，哥本哈根火車寬敞舒適，北歐設計簡潔中帶著許多體貼，插頭、書桌一應俱全，在城市移動中的火車廂裡，總是能感受到屬於城市特殊的情意，不久後哥本哈根中央車站就到了。

丹麥火車站——總感覺魔法師就在車站裡設了結界，上了車一個嶄新的宇宙就此展開。

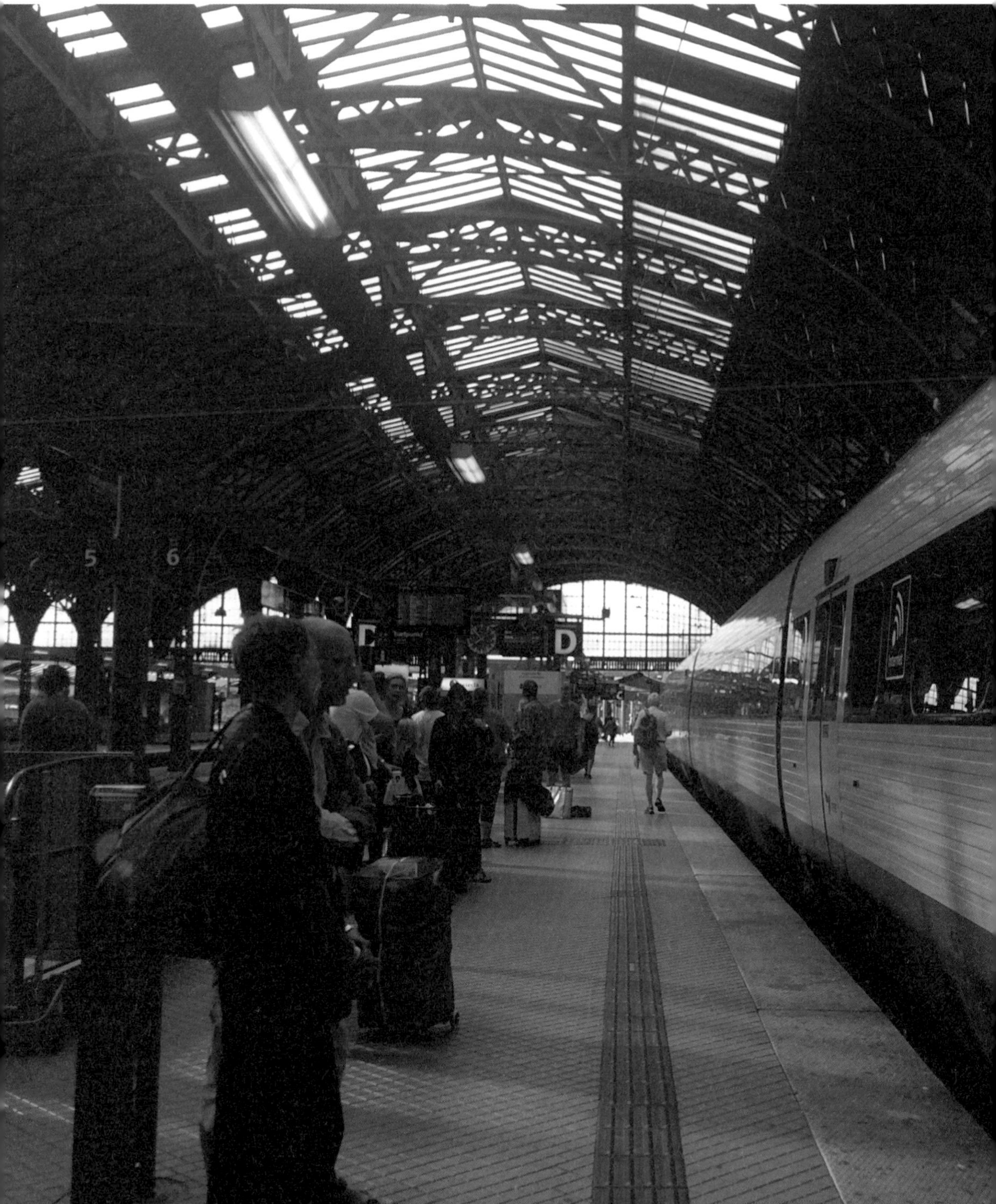

丹麥中央車站——不變的是淡藍天色，北歐特有的藍天。

2138

哥本哈根中央車站舉世聞名的就是那些滿街奔馳的自行車，記得初次到哥本哈根，看到自行車山高般疊在車站旁，一層層如疊盤子般有著自己的停車秩序，實在如劉姥姥逛大觀園般充滿驚奇。尤其走在中央車站主要大街上，看到店家裡多是自製商品、少有名牌服飾，更是感到北歐人自成一格的森林系生活方式，心中也不免納悶，這裡哪裡是世界排名前幾大的高所得國家，怎麼看來像是某個小城鎮？後來才知道，是我這個土包子不知道北歐走在環保前端的人民共識，自行車是全民重要交通工具，上班族樂於使用單車代步通勤，說明丹麥愛地球不遺餘力的身體力行。

如今再回哥本哈根，堆疊的自行車依舊山般高，但感覺街道色調厚重許多，紅磚顏色占了主視覺。彎彎迴迴尋找民宿車站，正午大街上，迎面走來一對男士。年長男士眼睛迷人像是爵士樂手，年輕男士則帶著男孩帥氣，問話兼談天中了解到，原來年長男士真的是駐爵士餐廳的歌手，而年輕男孩則是他的先生，他們是一對結婚十二年的伴侶。年長男士輕鬆說著：「We are husband and husband.」我看著他們夫夫臉般、同樣幸福弧度的笑容，覺得快樂。站在街頭閒談許久，彷彿相識多年的故人，年長男士說著真是太可惜了，他即將前往丹麥北方城市進行巡迴表演，會錯過我停留在哥本哈根的時間，先祝我旅途愉快！他的年輕先生則補充許多必去的景點，要我務必有問題記得問他們，保持聯繫。那天夜裡，我在青年旅館的床鋪上，就同時收到了飛機上結識的詹姆士和這對伴侶的問候，這樣的旅行關懷，讓獨行在外的旅人，瞬間也有了天涯的族人。

哥本哈根青年旅館

進入北歐也開始進入此行的第一個青年旅館體驗，長程旅行在進入昂貴的北歐住宿之際，獨遊旅人不禁開始省吃儉用起來。北歐青年旅館相當盛行，並且都非常大型而充滿各種華麗的公共空間，我所居住的這間青年旅館造型現代，公共廚房非常寬敞、大型撞球室、大客廳沙發、圖書室應有盡有，說它像是宿舍，但又因為裡面的成員而有著迥然不同的旅住氛圍。入住這天我進到我的哥本哈根女子混合宿舍，睡在最邊邊的小床，一個人迷濛中睡去，第二天醒來，穿梭旅館二樓通道，就有種旅舍華麗，經過長長雪山隧道，裡面彷彿是住了一萬人似的摩天樂園感，這間哥本哈根旅館，充滿北歐啤酒歡快的繽紛熱鬧。

我同房的女子室友裡有兩人特別引起我注意，一位美麗驚人，長髮棕眼、瘦手臂上有一個醒目的翅膀刺青；另一位鬈髮、成熟韻味，像是嘗盡旅行樂趣的探險行家。她們一個總是九點就就寢，另一個常常天亮才回來，同樣的是兩個人都躡手躡腳，有著睡女子青年宿舍應該有的熟練禮儀，可惜我就睡在門邊，門又是電子鎖，開鎖都會有點微微的聲音，因此我總會知道這兩位女郎何時歸營。

丹麥街景——無論年紀，騎上自行車，生命沒有疆界。

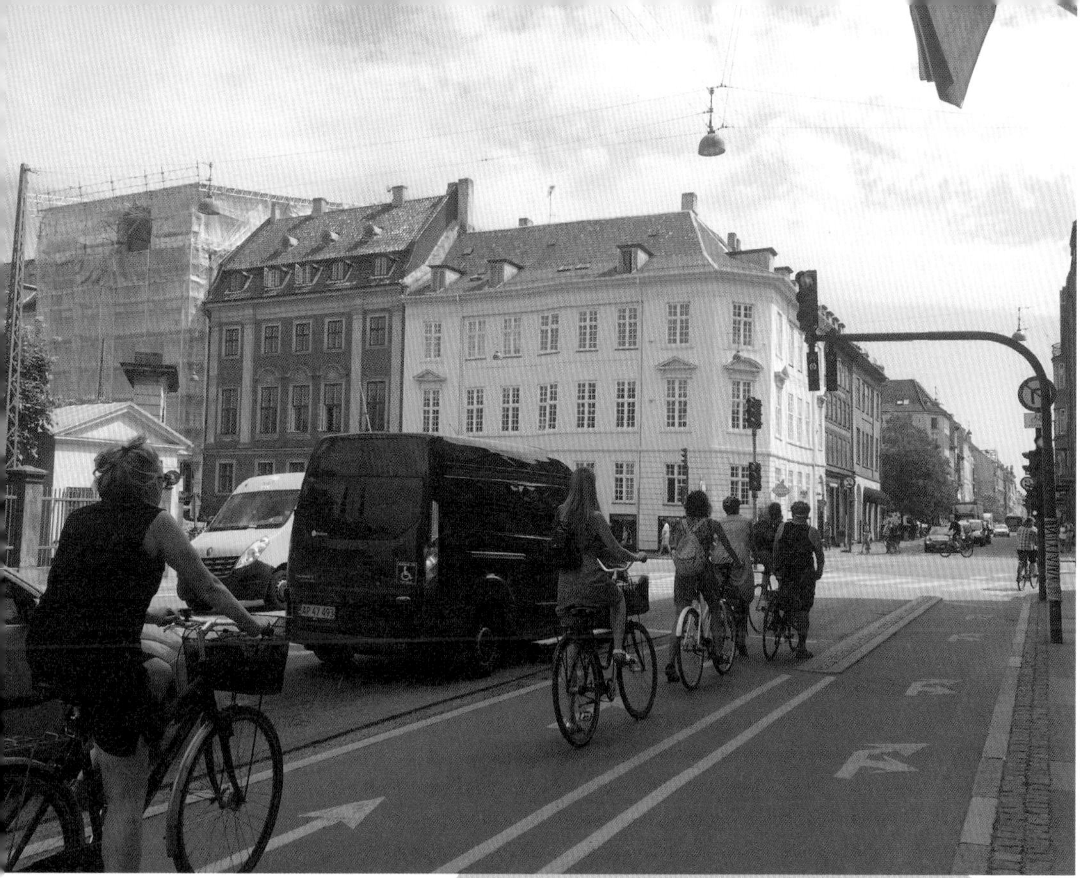

丹麥街景——井然有序的自行車大隊，走在屬於自己的口哨聲中，成為哥本哈根風景。

丹麥街景——自行車是城市的靈魂，在這裡奔跑、自由。

鬈髮女郎有著性感曼妙的身材，她穿著黑色的緊身洋裝，夜夜都去 Noma 餐廳等排隊，然後永遠鎩羽而歸。「要一年前訂才有位，不然就只能現場排隊。」她聳聳肩說著。我實在佩服這位女性的毅力，連續三天，她都堅持天天晚上去餐廳前面排排看。旅遊中到底應該對美食有多大的堅持？這真是一個大哉問。我想起自己對旅行中的食物哲學，隨著旅行次數多了，也有了不一樣的體悟。年少時旅行總是覺得難得出國，吃飯又這麼貴，三明治、香蕉，簡單吃吃就可以換來多一個博物館、省出多奔向一個景點的時間。年紀漸長，會覺得世間美色永遠看不完，旅行中如果沒有維持日常作息，該吃就吃、該休息就休息，旅行起來就會非常疲累。再更漸漸就發現，旅行中所有美好的記憶，往往是在旅途中的小店、滿是在地人的餐廳、下午茶時甜點出爐的滿室香氣。獨旅時，就更有機會享受這些休息時光，越休息越旅行，這便是旅行的王道。然而為了一間沒訂到的餐廳要大排長龍，這樣的毅力就是另一種旅人堅持了。

夜裡，紅色鬈髮的美國女郎又回到屋內，我還醒著，她對我使了個無奈的表情，她仍然沒有成功前進她心之所嚮的排名世界第一 Noma 餐廳，我給了她一個理解的表情。我想像這樣大老遠來到丹麥，願意撥出每夜時間在等待一個可能永遠也等不到的座位，之於她追求美食的饗宴，應該是另一種人生的想望了。而我的堅持就是每天晚上必定到附近的 7-11，對，丹麥也有 7-11 真讓人太驚訝了！就在我住的青年旅館隔壁，每夜我必去選一罐四百 c.c. 我喜歡的藍莓瑞典啤酒，開開心心地喝下它，再帶著微醺的果香醉意幸福上床。朦朧間會看到手臂刺青的棕髮女孩一身皮

丹麥青年旅館——長程旅行中的一張小床，溫熱了旅行者的無盡想像。

衣在清晨時分回到她的上鋪，也躺了下來，在這間六人女子宿舍裡，我們都是天涯時分暫住一宿的旅人。

丹麥 7-11——哥本哈根的鄉愁，每天一杯瑞典藍莓啤酒，在跨國界中感受浮生若夢。

克里斯蒂安尼亞自由城（Fristaden Christiania）

運河

飛機上男子特別要我到克里斯蒂安尼亞自由城走走，天氣晴朗，我坐著巴士在運河頭下車，沿著運河看到河上一艘歡快的遊艇呼嘯奔馳、穿越橋下，遊艇上是戴墨鏡的男子、戴草帽的辣妹女士，健美身軀與薄衫，一看就是特地要曬日光浴的時髦青年。快艇緩緩駛過另一艘顯然是觀光船，船上多老人、遊客滿滿神情舒服，他們都仰起頭來享受太陽的洗禮。

我想到自己曾經到德國找詩人T，她帶著我和旅伴坐上一艘可愛的雙層遊船，可以往來柏林近郊島嶼，我們一上船就奔上二層，也懶得管防曬了，就讓夏日歐洲陽光曬在臉上好舒服。沿路闃無人聲，船上多是德國老先生老太太，穿著輕便不甚打扮，全是居家休閒裝，毫無耳語都安靜地享受日光、面帶微笑。T說德國人怕吵，他們總能安安靜靜、悄無聲息。也許因為追求不擾民的極致，就連船到了終站小島也未聞有太大動靜的聲響，怎麼會連船長喊人下船的聲音都聽不到？等到我們回神似乎已經過了下船的航程時間了，才發現船、又、折、回、了！一行人笑翻，繼續曬著太陽，如同船上安靜的老先生老太太一樣，他們也都沒下船啊！還是這一船本來交通功能就是無關緊要，最重要的功用是「老人常照」日光船？那趟坐了三小時終沒下船，卻在船上曬得臉紅通通的午後、溫暖的太陽，始終讓人一想起來就暖呼呼地臉頰彷彿冒著蒸氣。

波西米亞帳篷和毒品

沿著小巷走，一路尋向克里斯蒂安尼亞自由城，進門處有一個大大荒落的鐵門，轉進去一個廢墟般的城市眼前誕生。幾個錯落的建築上展示五顏六色的塗鴉牆面，每個角落都有四散又群聚的人群，長髮、背心男子比比皆是，看起來非常嬉皮。

我繼續往深處走，走到一處由波西米亞風帳篷組成的商店街前，一個個圍成的攤販上販售著各式看起來十分相似的貨品，仔細一瞧是像包檳榔一樣的小紙盒，裡頭有一個個或方塊、或捲菸的咖啡色物品，販售物品的人都用布包住口鼻，看起來像黑面騎士。我看著帳篷旁的二樓牆面用噴漆寫著：「Free Tibet !」陽光下曬的字體發亮，拿起相機想捕捉這一刻，正對準時，忽然一位長得很像《戰慄遊戲》凱西貝茲的女士上前一把抓走我的手機、對著我咆嘯，手機被她奪去，我眼前發黑，立馬大叫引起注意！貝茲女士聽到我尖叫更是對著我大吼起來、分貝破表，慌亂間我終於聽懂她說的：「這裡不准拍照妳不知道嗎？妳沒有看到牆上就是禁止拍照的標語嗎？」我

克里斯蒂安尼亞自由城──自由城裡處處都是顛覆與打破，塗鴉隨處可見。

丹麥街景——越靠近克里斯蒂安尼亞自由城，嬉皮的氣味就開始沿街湧上。

克里斯蒂安尼亞自由城——反轉想像的自由城，用瘋狂向自由致敬。

回到旅館床鋪，夜裡我忽然放鬆下來一覺不醒，紅髮燙燙女郎和刺青手臂女郎都在同一天離開青年旅館了，這夜我什麼都聽不到，再一睜眼天就亮了。

丹麥天空與童話城堡下的街景

北歐天空有一種特別的海藍色，不像巴黎有時總高掛幾朵大大的白雲，丹麥往往是無雲的，這樣的藍讓人心情格外平靜。藏傳經典裡會說，人心上的煩惱很像白雲，雲去雲散而天空是無染的。我想這是因為西藏的天空也和北歐一樣高緯度，天空裡總是無雲，所以有這樣的比喻吧。

北歐天空也感覺特別遼闊，房子都像是低矮的田莊，在高空下顯得渺小。坐著電車、公車，穿梭在哥本哈根裡，覺得一切都是清脆的、爽朗乾淨的。典型丹麥紅磚屋子讓街景可愛萬分，火車站上孔雀藍的哥本哈根建築帽頂，增添許多童話風采。記得當年來哥本哈根時，坐上一班計程車恰巧就是華人司機，司機先生說著北歐華人可多著呢，或許也因為哥本哈根著名的華裔王妃帶給丹麥人許多美好的憧憬，對於亞州文化與亞洲人也格外有敬意。當時進到哥本哈根市中心的提佛利樂園（TIVOLI）時，印象深刻就是樂園裡沒有太多冒險驚奇的遊戲，但充滿中國風的許多裝置園區倒是讓人見識到哥本哈根對華人文化的好奇。在當年英國並沒有太多華文介紹時，哥本哈根倒已經可以在觀光景點都看見簡體字介紹了，雖然不是繁體字，但仍然聊勝於無。

重回舊地，就住在離提佛利樂園不遠的青年旅館裡，天天走路經過提佛利樂園，卻不曾想

丹麥教堂——滿室芬芳，誰的心事在發光？

丹麥教堂一景——巨大的懸吊管風琴，帶給回望的旅人驚喜瞬間。

再進去了。去了市中心的皇后宮，看看丹麥皇室碧麗輝煌的瓷器，也繼續隨意走走、飽覽哥本哈根的風景。不遠處就看到一個像是華山園區一般開闊的戶外展區，展區名稱：「媽媽和她們的嬰兒」。乍聽之下像是溫馨《嬰兒與母親》雜誌的廣告，走進去看，兩旁是巨幅、排排站的海報牆，海報上是奈及利亞、衣索比亞、孟買、敘利亞等歐亞非城市的小媽媽抱著手裡的小孩，分別標上小媽媽和小孩的年紀。小媽媽的年紀最小是十一歲，最大不超過十九歲，她們的童年被許諾給未知的丈夫，海報印上小媽媽的心聲，有的人愛著她的小孩，有的對手裡的小孩感到害怕，她們大多在不情願的情況下被迫舉行婚禮、懷孕生子，對於未來充滿了憂慮，手中抱著的孩子也彷彿像外星人般令她們感到陌生。

在城市中心巧遇這個人權議題的展覽，一方面對丹麥的議題關注喝采，一方面也想到從前婦女團體做過的研究，在寒冷的北歐與俄羅斯，因為喝酒取暖延伸出酗酒問題，而產生的婦女被家暴情況特別嚴重。每個國家都有他的難題，走得越遠，越感到世界一體的同感艱難。

哥本哈根咖啡館——到處安徒生，如同在葡萄牙隨處可見費南多．佩索亞（Fernando Pessoa，1888-1935 年）詩人身影。

猶太博物館與黑鑽石皇家圖書館

騰出一天來到哥本哈根市中心的花園，荷花池裡荷花盛開，一旁露天咖啡吧和露天椅使人快活，再裡頭是猶太博物館。三十分鐘後會有一場小小的導覽，我在露天咖啡吧上喝了一杯北歐咖啡，咖啡味道總感覺比巴黎淡很多。再回到猶太博物館入口，登上二樓，開始一場小小的歷史巡禮。精巧的博物館裡放了許多名冊、物件，記載著二戰期間丹麥幫助猶太人度過難關的溫馨故事。有些在布達佩斯看過開頭、而在這裡有了接續，我想到電影《拆彈少年》裡帶著德國少年兵團到哥本哈根海灘淨除地雷的丹麥軍官，面對這些害怕被地雷炸死的青少年兵，軍官既有著大歷史的仇恨、又同時擁有對年輕靈魂的憐憫。猶太歷史的悲傷，是纏了好幾個結的悲慟。

結束這間小小的博物館，正要離去發現通道旁似乎是一間圖書館，我沿著橘光走去，一間充滿中古世紀書香的絕美圖書館就出現在我眼前！圖書館開放所有的人進入，我走向每一個陳列書櫃翻看精美書籍，雖是看不懂的丹麥文，但仍能感受到知識的力量自指尖傳入。繼續由二樓向博物館裡面走去，眼前出現了從一樓連接到二樓的整片黑色落地窗，中庭是開闊的樓中樓，我下了二樓廣闊的階梯，下到一樓大廳，推開鑲嵌在大片黑玻璃上的黑玻璃旋轉門，出去是一個露天平台，平台上有休閒椅和椅上閒適放空的人，平台外就是一望無際的海了！這座圖書館就像是漂

丹麥皇家圖書館──靜謐角落，綠窗景相伴悠悠年代。

浮在海上的太空船，結合了北歐現代主義簡潔建築與中古世紀書香的雙重美學，我進入了一個開啟感官華麗視野的夢境圖書館。這才知道我意外地從猶太博物館切進了北歐最有名的黑鑽石圖書館。整個圖書館外身就是一顆黑鑽石，由裡延伸到外頭的岸邊，岸邊就是海，使黑鑽石圖書館成為建築師眼中不可錯過的朝聖寶地。

圖書館裡非常安靜，陳列櫃裡三三兩兩都是安靜調閱書籍的人們，閱讀桌上也坐了幾位沉醉讀書的人。夏日哥本哈根，圖書館裡沒有太多的人，望向不遠處彷彿一跳下踏板就是世界之海的景象，恍惚間也好似看到法鼓山水月道場的倒影，寧靜的黑鑽石午後，是我日後一直想再回來的地方了。

車站下的彩色酒吧

哥本哈根火車站附近的主要大道，有許多文青手創店、多了一些有機餐廳、生鮮蔬果超市，大街已經不復我之前來時記憶的樣子了。印象中曾走過的彎曲石子路、一拐腳是一整個彎道的性別友善露天餐廳，男男女女大方可愛的 gay 和 lesbian 服務生已不知在哪條路、轉角美麗的櫥窗腳踏車也不知去向。走不回從前走過的路，或許就是旅行的真諦，然而不斷重遊同一個城市、同一條街道，仍是旅行時想要重逢的思念。

這夜便走進火車站下的酒吧，彩色霓虹燈招牌看起來像歷史久遠的老北歐店，玻璃門推進去，琳瑯滿目的酒瓶酒杯、三台遊戲主機在酒吧旁閃閃發亮，很像某種美國西部牛仔老電影會有的酒吧。整間店裡只有兩位約莫五十歲的丹麥女士，笑容有種愜意，正和吧台大叔聊著天，見我進門也拋來一個善意眼神。我點了一杯丹麥啤酒，聽著輕搖滾的鄉村音樂，這間老式酒吧很像會有水晶球與女巫的店，大大啤酒杯裡冒著新鮮的泡泡，我坐在椅子上舒服地享受兩腿放鬆的時光。一位醉漢跌跌撞撞走進來，他走向靠門的遊戲機玩著吃角子老虎、沒中！接著又走向另外兩台，猛力敲打鍵盤、拉下拉桿，水果盤，一樣沒中！醉漢歪歪扭扭醉倒一旁，呼喚吧台時，吧台大叔已經主動送上一杯啤酒來，吧台大叔與醉漢默契兩合，醉漢再催下一杯酒進肚子裡去。我待到午夜緩緩走回青年旅館，遙遙回望，這間彩色酒吧的霓虹招牌恰恰熄燈，這是一個魔幻午夜。

丹麥·中央車站小酒館——迷人夜晚、好姊妹排排坐，牆上老火車報導訴說小酒館的老歷史。

奧登塞（Odense），走回安徒生的童年往事

搭乘火車前往安徒生島這天，天氣非常晴朗。七十五分鐘車程，北歐國鐵即可抵達。一出車站就被一旁琳瑯滿目的丹麥家飾店吸引目光，各種富設計感的時髦小物，只要一歐到十歐元。車站大廳有免費的安徒生文宣介紹，告示牌上的 QR code 引人注意，掃下去，整張安徒生島的路線圖就在手機上顯現了。

這是一張很像台灣島的路線圖，沿著圖可以將城市走成一個橄欖狀的河道。從城堡、圖書館起始，穿越奧登塞大學，接著可以走向古老教堂，一路向安徒生故居邁進。走向安徒生故居博物館，這是以他童年生活的家作為展覽，低矮的天花板、狹小的空間，廚房裡的木造器具、擔任洗衣婦的母親帶回家的待洗衣單，還有父親為童年子女建造的木偶房。在僅容旋馬的小小房子裡，可以感受到貧困家庭裡空間的侷促，也仍能看到在小屋子裡父母留給孩子的愛。

不遠處是兩排興建得當的木房子，木房子優雅漂亮，彩色牆面充滿北歐童話風情；走向安徒生博物館的路沿途精采，紅磚老教堂走進去，古樸高挺，我走向教堂鋼琴彈了一曲，教堂靜寂無聲，就像整個奧登塞帶給人的寂靜感一樣。安徒生博物館是典型北歐後現代建築，大大落地玻璃

隔出博物館的簡潔俐落，博物館展示安徒生的生平、重要物件，也有安徒生的手繪畫作，身歷其境的故事演出。一出博物館，對門的小花園裡安徒生劇場就熱烈上映了！長達一個小時的表演中，可以看到安徒生從醜小鴨一路到美人魚、天鵝王子的各式童話故事真人版演出，坐在露天草坪上觀看彷若野台戲搭建起來的童話帳篷，充滿超現實感。

演出結束，我一路悠哉晃到南端安徒生划著小船、思索心事的小溪，森林裡聆聽鳥聲，再來到奧登塞大街，小鎮上的商鋪人家用心擺設各種雜貨。奧登塞大學裡有一座安徒生銅像，為了走向這座銅像，我穿越大學校園，這才發現小鎮上罕無人煙，原來都到校園裡聚攏了。校園上隨時可見躺在野餐墊上或看書、或正談情的小情人們，綠蔭扶疏、校園裡開滿各式花朵。在安徒生銅像前拍了經典照片，一如在里斯本咖啡館前與費南多詩人合照一樣，這樣的照片不為紀念，而是致敬。謝謝安徒生在悲苦童年經歷中，仍不失赤子之心，用他的想像力創造出這麼多美麗的童話。

回到哥本哈根，天色還早，夏日北歐九點才天黑呢。坐在一間咖啡館前，看著運河前的夕陽，直到天色漸漸暗下來，才心滿意足地想著，上回未竟的安徒生之夢，這次去到了。

安徒生小村——穿過《拇指姑娘》的奧登塞河，來到安徒生待過的市井，喜愛旅行的安徒生，終究闖蕩出了自己的天涯。

奧登塞島——巨大的安徒生畫像，裝置小鎮牆面。

露易絲安娜現代美術館（Louisiana Museum of Modern Art）與墓園

露易絲安娜是飛機上男士特別說應該要去看的，我查了網路，發現是現代美術館，在布魯塞爾參觀過的瑪格麗特現代美術館實在太令人難忘，露易絲安娜立刻收為口袋名單。唯一擔心的是，臨陣買票火車票會太貴。

臨櫃買票的忐忑

這趟歐洲旅程在啟程前兩個月，我已經先買好了所有國家的航程機票、旅途中城市轉換的火車票、巴士票，再預留一點小小的空間做彈性變更。歐洲旅程通常越早訂火車票和飛機票越划算，越接近出發日就越貴，住處亦然。也是有少數意外的，比方在庫倫洛夫錯過回布達佩斯的火車，臨櫃買票才發現不過台幣四百多元，與兩個月前買的價錢幾乎相同。如果是法國火車，兩個月前買和臨櫃買的火車票，也已可能差至數倍。記得在去奧登塞的路上，隔鄰的華裔醫生看我放在火車上的車票問著：「這張票妳自己買的？」醫生看著票面約莫台幣五百元的丹麥火車票非常驚訝，因為這張票臨櫃買要台幣三千元了，相差六倍，而這張票是我兩個月前在丹麥國鐵的網站上買的。

無論去何處，只要在歐洲旅行，如果可以提早約兩個月在官網購買車票（太早可能也還沒開放），無論是義大利、法國還是英國，都可以因此省下許多旅費。如今我帶著忐忑的心情走向車站自動販賣機，準備買票。單程兩百歐，好貴，這時一位女士叫住了我，她說：「妳要到露易絲安娜嗎？妳可以去服務台，那裡有套票可以購買。」我感謝再三，走向服務台，發現哥本哈根火車站服務台的排隊人潮不算多，向站務人員問起到露易絲安娜現代美術館的票價多少？服務員回答我單程票兩百歐。我追問有沒有套票？「有的有的！」站務人員非常抱歉告訴我，妳是要當日來回嗎？如果當日來回加上露易絲安娜現代美術館的門票，總共是兩百一十歐元。真好！購票心無懸念了。我看向剛剛的自動售票機，女士已經不見了，謝謝指路天使告訴我這個優惠套票方案。

露易絲安娜之海

火車出站後要走向露易絲安娜現代美術館，還要十五分鐘左右，路線左拐右拐不算單純，但一出站後一群人像登山客健行般魚貫成一字路線倒也明顯，一邊看著地圖一邊默默跟著，這群人都是要到露易絲安娜現代美術館的啊。

沿路很有小鎮風光，奧登塞安徒生島比想像中多了現代許多城市的樣貌，露易絲安娜則大相逕庭，是一座保有全然純樸風情的北歐小鎮。沿途房屋都是低矮平房，未有太多現代化建築，不知不覺美術館到了。

通過機器安檢、進入露易絲安娜現代美術館，如今安檢門已然成為每個歐洲城市公眾場所進出的必備裝置，在二〇一五年初巴黎發生查理周刊槍擊事件，二〇一五年底發生十區劇場、體育場恐攻炸彈事件，整個歐洲的安檢只是更加風聲鶴唳。記得二〇一五年一月查理事件時，巴黎人在新聞當晚立刻在巴士底廣場前舉起言論自由的布條，當周便有了全巴黎自一九六八年五月風暴以來最大的市民示威抗議，兩次我都在隊伍中見證歷史現場；然而到了二〇一五年底的劇場恐攻七十六人喪命事件，總統歐蘭德立刻宣布法國進入緊急狀態、一切集會都禁止。走在巴黎的 BHV 百貨，聽到有人跑步，其他人就驚嚇得也一起跑起來，之後才發現其實沒有發生什麼事，只是空穴來風，那真是全民驚恐的一段艱難時期。而這樣的恐懼也蔓延在整個大歐洲底下，在我所旅行的城市裡，每一個更加嚴密的安檢，都顯露了二十一世紀歐洲在伊斯蘭國恐攻威脅下的戒慎恐懼。

通過露易絲安娜現代美術館的安檢，我就想起了這樣風聲鶴唳的一年，然後我帶著小行李箱開始環遊歐洲了，歐洲是這樣美麗，但願一切風浪最後終能漸漸止息。

露易絲安娜現代美術館真是美到令人屏息！整座美術館設計，都是與自然共生的概念，大片落地窗形成與戶外森林共同分享綠意的空間，從一樓到二樓可以看到建築每一面向都希望室內的人能夠與室外的自然合而為一。為一棵參天老樹保留的建築空隙，讓老樹可以由一樓伸向二樓、再伸向天空，保有自己的樣貌。美術館裡各種當代美學作品，也讓人大飽眼福。值此之際，露易絲安娜特別展出伊莉莎白．泰勒攝影師的攝影作品展，攝影師在伊莉莎白．泰勒離世前有機會進到屋內，在伊莉莎白．泰勒同意下，開始拍攝伊莉莎白．泰勒的洛杉磯住所與擁有的物件。每一件華美的珠寶，在攝影鏡頭下都像有了生命般，展現各自姿態，伊莉莎白．泰勒房屋裡的角落，沙發、更衣室、戲服，也都成了攝影照片裡的日記主角，透過照片訴說女主人對歲月與榮光的思念與敬意。陽光篩過綠意濾到攝影物件，每一道光都像磨成細粉的光影、閃爍出光暈。當物件與思念成了同義詞，一禎禎絕美的照片，或許比真正的物件還更像個演說家，它透過攝影師之眼，要說出攝影師眼底想說的故事。

露易絲安娜現代美術館有好幾個展場，穿過主展場走向其他展場，會穿過玻璃長廊，像是走在森林裡的透明隧道一樣。如果想結束看展，推開大門，一個更遼闊的驚喜在戶外等著。在美術館最末的戶外，充滿現代設計的巨型金字塔眼前赫然誕生，我爬上平台，看到許多勇敢的人已經登頂，在金字塔頂坐看遠方。懼高，我知道沒有辦法爬向這麼高了。但我看向牆外遠方，是海，一望無際的海！

露易絲安娜現代美術館外大海——推開美術館大門就被這座海吸引，推開籬笆門一路沿坡道走下海，腳放在海裡的清涼，眼前就是無盡的人世情懷。

露易絲安娜原來是通向海的美術館，越過牆，走向樹叢、再一路往前探，我一路向下，想走到海的那一邊去。果然海就在眼前！天氣非常舒服，我沒帶泳衣，但我決定自己一定要把腳伸到露易絲安娜之海去。我找了個石子坐下，腳放進海裡，好清涼。不遠處木造小平台上，一個個穿著泳褲的小男生們正在跳海，幾位女性在海邊戲水，海是如此蔚藍清澈。這天的海很像希臘電影裡《永遠的一天》那樣的一望無際，丹麥的海水，原來是這個滋味。

離開露易絲安娜，我隨意走走，隔鄰有一座很像森林一樣的花園。天氣正美、時間還有，我走向花園低谷、沿著小溪流旁的石子路走，花園裡沒什麼人，只有對岸一位釣魚的男士。繼續走到小山丘上，看到了一整排在地上的墓碑。墓碑都沒有立起來，鋪在地上非常低調，偶爾幾個立起來的也像是森林裡的石子，並不特別顯眼。不像華麗的歐洲墓園風格，在這座小鎮上的墓園，也有著北歐簡潔的內斂風格。我想到在巴黎看到的幾座墓園，精雕細琢的雕像都像是戶外立體美術館，然而在梵谷最終墓園的奧維小鎮（Auvers-sur-Oise），梵谷和他的弟弟西奧Théo並肩永眠於此地，他們的墓碑是如此簡潔低調，只有墓前的人造向日葵透露出此地長眠人的不朽。露易絲安娜的這座墓園，也像奧維小鎮墓園一樣低調，與山林同在的寂靜，充滿天地哀思。

露易絲安娜現代美術館金字塔——充滿現代主義風格的路易斯安娜美術館，館外的金字塔與不遠處的大海，成為最超現實的存在。

露易絲安娜小森林——走過墓園、穿越森林，最觸動人心的往往是地圖之外。

露易絲安娜現代美術館，整棟透明的建築，走一走就穿過森林長廊與穿頂大樹，一座會呼吸的美術館，讓人隨時隨地都想跳到海裡游泳。

哥本哈根早午餐與小美人魚

在帝國咖啡館享用哥本哈根早午餐，丹麥手藝令人難忘，斯堪地那維亞之海的鹽味，透過完美烹調的魚肉展現鮮美，麵包酥脆、咖啡仍然淡些，沙拉清爽，整體令人非常難忘。

小美人魚還是要去的，坐著巴士一路到小美人魚的地方，再見小美人魚，感覺整座離岸邊都近很多。記得年少時看到小美人魚時離我好遠，這次怎麼這麼近了呢？帶著這個疑問，冰淇淋老闆幫我解開疑惑，小美人魚真的移近了！為了服務更多遊客的要求，丹麥當局把小美人魚移到更靠近岸邊。我看著一大群人都在排隊等著跟小美人魚拍照，這跟十數年前我和旅伴終於找到小美人魚，兩人大叫對著海上的小美人魚拍照，實在物換星移了。冰淇淋當年有吃，現在還是要吃的，一邊吃著一邊走向海岸大道，終於找到當年曾經走過的同一條路了。海風輕撫，我想起曾經痴狂的年少，很喜歡現在已經長大的自己。小美人魚不在哥本哈根市中心，公車班次也比較少，我看看手機 App 上顯示的公車時間與距離，搭著最後一班車回市區了。

哥本哈根小美人魚——歷久不變的童幻，像是海中燈塔。

4 雷克雅維克 冰島

Reykjavík

Týnd læða !!!!!!!!!!!!!!!!!!
essi læða, grábröndótt, er týnd. Fór frá Hringbraut í
esturbæ 8 july þar sem hún er í pössun hjá mér. Hún er
eð hvíta sokka á báðum afturfótum og hvítar loppur að
aman og hvítan hálskraga að framan.
eir sem geta gefið upplýsinngar eða hafa séð hana
nsamlegast látið vita í síma 780 0927 og 696 8018.

雷克雅維克市・尋貓啟事——佇立在櫥窗的貓，希望你早日回到主人身邊。

24 To 24，不關櫃的服務台

搭乘 SAS 北歐航空到冰島，快降落時就看到一片荒原誕生在眼前，冰島，難以想像的城市，降落時我以為我到了月球。出關後，我坐著機場到市區的巴士，跟著 GO EURO 的 App 走，還要走三十分鐘才能到旅館。抵達市區巴士站，我問著櫃台小哥藍湖溫泉要怎麼去？小哥說可以這裡登記。我再問那要幾點前回到這裡登記呢？小哥納悶著說：「隨時都可以，看妳高興。」我狐疑問：「隨時？現在已經是下午三點了，櫃台什麼時候關門？」小哥說：「關門？喔，不不不，這裡不關門。24 to 24。」「所以天黑也不關門？」小哥大笑：「小姐，這裡現在是永晝啊，天永遠不會黑！」哎呀，傳說中的永晝冰島，一下站我就見識到了，這真是一個令人大開眼界的國度啊。

三十分鐘的旅程

行李輕便，三十分鐘是走得到的，很想吹吹風，我沿著冰島馬路走著，經過田野、小橋、溪水，一路看馬路上杳無人煙。走走還是累了，太高估自己的體力，坐了巴士一路到底，眼前是一望無際的大海。終站下車，我的民宿就在距離雷克雅維克市中心走路十分鐘的地方，民宿就在大海旁，真令人雀躍！

推門進到大廳，半圓形的民宿像是降落在宇宙的木星，整座大殿是黑色落地窗包圍著，窗外大海寂靜，天色隔著玻璃仍然明亮。民宿風格很像廣告傳單中阿拉斯加的小木屋，北歐舒服的木造與白色風格瀰漫民宿大廳，這是一間很特別的青年旅館，大廳有吧台、閱覽廳，Check-in 小姐長髮飄飄、大眼睛非常美麗，她叫安娜，俄羅斯籍來冰島已經兩年。這間青年旅館沒有女子宿舍，我有了生平第一次住男女混住青年旅館的經驗。

房間在二樓，一打開門仍然是一整片落地窗、窗外就是海。十二人房間非常寬闊，這相當於一般青年旅館二十人的空間了。兩邊各六張木床，分上下鋪，每張床都非常巨大，我的床在最裡面最靠近海的上鋪，床有閱讀燈、有兩個插座，每張床都有自己的行李櫃，沒有拉簾的空間卻也格外敞開。房間裡男女比例相當，幾乎都是獨行俠，都好安靜。雖然只有一張床位，一晚也是布達佩斯樓中樓單人房的兩倍價了。但這張床真好睡！靠在海邊睡是很奇異的感受，在冰島的每天夜裡，我睡在這張海之床上，每天都好像睡著又好像醒著，一直在潮汐的奔流上，夢著白天的夢。

方圓十尺內的探險

抵達冰島的飛機上，遇到一位帥氣男孩，研究生、丹麥人，他的女朋友是冰島人，在冰島開旅行社。男孩給了我很多旅行資訊，他特別叮囑：「藍湖溫泉人很多呦，妳如果要去夜裡九點以後再出發吧！」夜晚九點再出發？這裡的時間度量衡到底都是怎麼計算的啊？我感到驚奇。

搭乘巴士的時候不小心讓手機掉在地上，iPhone 手機鍵盤上的大圓鍵忽然完全失靈了。所幸我找到重新開機就可以換頁面的方法，這個方法實在麻煩，因此也少了很多在冰島划手機查資料的時間。也好呢，離開 3C 輔助的世界，整個安靜下來，連心跳都聽得見。

去冰島超市逛逛，超市裡東西明顯比丹麥少了許多，蔬果變得單薄、每樣東西包括零食物價

冰島街景 · 塗鴉——冰島天空下的浪漫，沿路屋牆都成為看板。

都變貴了。巴黎已經令人咋舌，冰島更甚，物價都是巴黎的一點五倍起跳，一包台灣買三十元的波特多洋芋片，在冰島可以是台幣一百二十元了。永晝之城名不虛傳，在這裡所有的想像都是顛覆的。

夜裡我在旅館廚房煮飯，好大的木屋廚房、好大的飯廳，結實的長木桌子上有大叔、爺爺、獨遊女子、一家老少。在這裡並不限於青年，而是許多職業背包客的休息地。用餐的時候我們就會閒聊著，大部分都是獨遊者，他們已經旅行過好多地方、好多回，我偶遇睡在我對鋪的一位年輕女孩，她也來廚房下廚，女孩說她已經旅行一年半了。餐廳窗戶依舊是大片落地窗，落地窗外有露天桌椅，夏天冰島溫度十七度，還是冷，大家聚在室內，或獨自或共享。露天窗台旁邊有一個大型的TUB，在冰島到處都可以看到TUB廣告，游泳池也會標出有TUB。TUB就是熱水池的意思。

看到可以下湯泡水，我絕對不能錯過！吃完泡麵加蛋、下二樓房間拿了泳衣再上到三樓頂樓來，衝去外面大露台打開露天木桶上的蓋子，水已經熱騰騰裝滿，我立刻下到這個大桶子泡湯。後來的每一天我都會在大桶子裡遇到我的湯友，湯友各不同，有時也會遇到前天相逢的。大夥會聊聊今天去了什麼地方、看了什麼？這座熱水池也很像一個小型的遊客自助中心呢！

24 TO 24的櫃台我終究沒有去，因為我找到了，更方便的預定藍湖溫泉的地方：我的旅館櫃台！

雷克雅維克市舊港——清澈海邊，一切倒影都顯得更如夢似幻。

大廳櫃台（太空船櫃台）

大廳是一個船型的圓弧櫃台，安娜已經坐在那裡了。我問安娜：「藍湖溫泉要怎麼去呢？是要到車站去登記嗎？」安娜笑說：「這裡就可以！在櫃台登記，我們會幫忙聯繫溫泉中心登記，不過要快喔，溫泉有人數限制。那邊那一頭櫃子裡有很多廣告文案，妳可以看一看，我們這裡有很多小小旅行社喔。」我順著安娜指的方向看過去，果然不遠的木櫃架上，擺滿了各式傳單。我回過頭看向安娜，不管，先把藍湖溫泉登記下來再說。機場的丹麥少年特別交代，到了落腳處一定要想辦法先訂藍湖溫泉。我遵循少年指令，訂了隔兩日後九點的末班車，夏日的藍湖溫泉可以泡到半夜一點啊，半夜一點五十分居然還有接駁車小巴從藍湖溫泉返回，真是不可思議。確定兩天後的溫泉可以下湯，真是太好了。我走向木櫃拿了幾個宣傳傳單，再次上了三樓廚房，開始在餐桌上研究起這些旅行指南。

各家旅行指南分門別類，從滑雪、冰川探勘，到冰島大瀑布、國家公園、賞鯨什麼都有。我好像忽然跌進國家地理頻道，進入無法想像的雪國世界，而此刻正是盛暑。想起前幾天 TUB 湯友溫馨推薦的鮑伯兄弟（Bob Brothers）自駕旅行社，決定先報名這個鮑伯行程！

九人小巴．迎向冰島國家公園

冰島的夜晚，肚子總是不太餓，我爬上房間床鋪，對面下鋪來了一位八字鬍性格男生，看來也是個專業背包客。他脫下外套裡面是軍綠色背心，摸著樓梯上了上層床。我看向海邊，不曾天黑的冰島，夜裡也只是蔚藍。

清晨的日出五點就亮，我下到一樓大廳，大廳外有一個像玻璃屋一樣的等車亭，緊鄰大門。我坐在這裡等我的六點巴士像在等娃娃車。不一會也來了兩個旅人，跟我一樣坐在停車亭的板凳上，我們都在等我們的旅行社來接人。

當蔚藍天加上一點濛濛亮，上了一層透明海藍的天色中，娃娃車來接我了。這是一輛白色的九人座開心小巴，當我上車時，車子已經坐滿七個人了。我坐到右邊靠窗一排的三個單人椅，駕駛座是一個紅棕色的大鬍子在開車，冰島一樣是左駕車，右邊的副座是一位戴著墨鏡的性格型男。車子放著冰島搖滾、駛向海邊一座社區，不一會兒另一位女孩背著包包下來也上了我們的車，這下九個位子全坐滿了。

雷克雅維克市——童話般的冰島風景，用鮮明色彩對抗嚴峻冬日。

副座墨鏡型男開始把車上音樂聲微微轉小，他拿起墨鏡開始講話：「哈囉大家好，我叫鮑伯，旁邊開車的這位是我大哥，我們家有三兄弟，一起開了這間旅行社，從現在開始就由我為你們服務。為什麼導遊是我不是我大哥呢？這是因為昨天是他拿麥克風，他今天喉嚨啞了！」鮑伯講話很風趣，一路上這輛車充滿歡樂。鮑伯開始跟我們介紹冰島氣候，那種夏天賓果冬天苦寒的日子，冰島人到了冬日人人都有冬日憂鬱症、蠟燭生意好得呱呱叫，可以的話他希望可以移民。鮑伯很像脫口秀主持人，包裝在抱怨下的笑話，有一種韻腳。他繼續說：「冰島青年英文真好、好過頭了！你們走在冰島一定人人都說英語，你們知道冰島青年英語普及率多少嗎！百分之九十九！oh GOD！現在的冰島人都不會說冰島語了。這都要歸功於我們政府的雙語教育實在太成功了，現在政府想要回來修修政策，難了，冰島青年不用這件事了啊。」鮑伯天南地北的聊著，冰島離婚率高、冰島孤單男性多，不知不覺我們就笑了好長一路，再一會兒就來到了「火山溫泉」，這裡已經來到冰島國家公園的範圍內，沿路走下去開始有地熱谷的感覺，地上的小水窪有滾滾熱泡，一窟一窟的，我漫步走著，吹著舒服的風。忽然聽到爆炸聲響，遠方一陣火焰沖天高，循著火焰走去，裡頭是一座更大的火山溫泉，欄杆圍成一大圈以免傷到遊客，中間的小油坑上不斷冒著熱氣泡，每隔幾分鐘就來一次竄上天的火焰。

鮑伯跟我們約好三十分鐘後要回到車上，當大家開始陸續上車、最後一位女郎從不遠處廁所小跑步奔來時，我開始有種參加迷你旅行團的默契了，在這漫漫的獨自旅行中，偶爾有了旅行團的相伴，也是風景。

我一路看向窗外，看著冰島遼闊、北國異色，腦中一直想起多年前的女孩 Hope 送我生日禮物，正是冰島女歌手的唱片，輕柔嗓音悠悠響起，現在我就在這座草原上了。獨自旅行會想起很多很多事，那種思緒可以專注在自己世界的美麗，隨著旅行時間越來越長，也會更進入內心最柔軟的地方。忙了這麼久沒有聯絡，現在心上浮上的臉龐，就很想呼喚她：「嘿，我到了冰島了呢，妳都好嗎？」

不知不覺下起雨來，灰雲罩上天空，卻還是像透著銀粉發亮。我們到了冰島大瀑布入口，走進去很像圖鑑上的尼加拉瓜大瀑布啊，瀑布非常巨大，我第一次看到這麼波瀾壯闊、山河交疊的大瀑布，走進瀑布就能感受細雨下在身上。同車的可愛澳洲女孩請我幫她拍張照，我也剛好能請她幫我拍張照，獨自旅行沒有特別想拍自己，但已經來到冰島大瀑布前，不拍照好像真說不過去啊。

下車前鮑伯特別說留了午飯時間，我們可以在入口處附近的小餐廳吃飯。看完瀑布，我的臨時旅伴們多在路口的自助快餐店吃飯，我看了看手錶，還有一小時的時間，注意到小餐廳斜對面有一間非常漂亮的星級飯店，決定去試試。推門進去果然豪華美麗，米黃色系餐廳裡是擺飾美好

冰島瀑布——到處都是瀑布，冰島地貌令人著迷。

冰島瀑布——可以走到瀑布後的山洞，彷彿水濂洞般的瀑布，塵囂全在水下融化。

冰島荒原——像是月球漫步的隕石荒原，空氣都靜寂下來。

冰島荒原——隨著小巴行經荒原，車上的人也各自靜默望向窗外。

冰島湖泊——夏日晴朗，冰島天空展現另一種風情。

冰島大瀑布——看著瀑布就想到《春光乍洩》那句何寶榮台詞：「不如，我們重新來過？」

的自助餐，個個都用銀盤裝。算下來一餐要台幣近三千元。我想到這些日子來，總是在民宿廚房吃著清淡食物、超市也很難買到這麼多樣化的食材，索性就在這間飯店假扮幾分當個豪奢女郎吧。

這餐飯吃得十分愜意，冰島食物重視食材原味，調味上也走清爽路線，吃起來很有滋味。我從沙拉、主菜、甜點一路吃到水果，感到非常滿足。飯店採光良好，雨停後新洗的天色霧亮透進玻璃，一邊喝著咖啡，一邊感到酸意從腳下湧上，路還是走多了。這餐飯沒有吃到撐，但刻意選了各式各樣的青菜，超市也買不到的青菜，來到冰島一直沒有辦法多樣化攝取飲食的情況，就在國家公園娃娃車旅程中解決了。

上了車就感到自己的煥然一新了，若無其事地上車坐到了我的依舊小窗位，彷彿一場偷來的海泳，潛入水下又浮上大海，我再度回到了岸上的正軌。車上迷你旅行團旅伴們正呼呼大睡著，鮑伯最後上車清點小貓人頭，車子再度上路了。

下午我們又到了兩座可愛的山林，山林裡充滿草原風貌、各色樹種花草，漫步林間非常浪漫。有些風景也會使我一下覺得很像來到陽明山國家公園，再一轉角又分辨得出來還是滿大不同的。不斷在樹影中撞見似曾相識的樹影，也許我是有一點點想家了，也許只是因為鮑伯很會聊天我忽然有了假性同班同學的感覺。走在最後一程的國家公園裡，小河、山川、天色，都知道是北歐森林，也都一瞬間疊影到了巴黎森林、阿里山森林，還有布拉格山丘、布達佩斯山谷，旅行山色開始越疊越多，有時候一轉身就會想起某個曾經相望的風景，我在旅行中繼續旅行了。

車子越駛越南端，最後來到冰原。鮑伯和大鬍子哥哥陪我們走著，也提醒我們要小心地上路滑。冰原鋪起白色大地，晴朗夏日裡冰島永晝亦永冰，終年不融雪的地方，冰島自然風景如此多幻。

天色漸漸降下，也不會黑只是不再天明。回到海邊民宿時已經是夜裡九點。每個人下車時，鮑伯就會跟著下車站在門邊跟我們每個人揮手道別。我回到海邊的上層床，再次睡到我的海裡去了，這夜我夢見我一直在冰原上前行。

雷克雅維克市街景——塗鴉成了雷克雅維克市獨特風景。

Vegamótastígur

雷克雅維克市

沿海向東方走去，沿路開始進入雷克雅維克市，北歐設計在冰島呈現上更為簡潔俐落、減法就是加法，展現在整座城市的獨特切角裡。不規則狀的鐵皮屋側邊，畫上大大的現代紳士淑女親吻塗鴉畫，四周淨色如清水模色的社區，更顯出多彩塗鴉親吻的鮮活跳動。如同巴黎瑪黑區龐畢度中心噴泉水池旁，一抬頭就望見整大面牆的翹鬍子達利塗鴉畫的震撼，冰島街頭藝術也不遑多讓呀。

經過市中心幼稚園、極光體驗館，轉入更幽靜、具設計感的巷弄，一棟大型橘光底的彩虹建築出現眼簾，再往前不遠就是市區購物大道入口了。不同於羅馬的奔騰壯闊、米蘭拱廊街的摩登耀眼、巴黎老佛爺百貨的經典奢靡，雷克雅維克市的主商區，說是購物商城毋寧更像是愛斯基摩公園！到處都是毛毛物！各種毛絨絨家飾小物妝點每間店面，衣服也充滿可愛小球、勁酷皮件。白色仍然是華麗主調，灰色成為榮寵大臣，在白色旁層疊裝飾形成層次不同的雷克雅維克主視覺。

漫步在雷克雅維克市大道上，感覺格外愜意。一邊走著，一邊按著地圖尋找一間雷克雅維克市的魚餐廳，這是民宿小姐安娜要我一定要來吃的店。推門進去，可愛小店木質做派，剛好有人用餐完準備起身，我立馬鑽進這張剛清出來最後一張有空位的兩人對桌坐進去，隔鄰是一桌可愛的西班牙女郎，正說著我聽不懂但非常清晰響脆的西班牙語。我想到不久前在巴黎前往巴塞隆納班機上，身旁坐著一位常住巴塞隆納的法國男士，航程漫漫就聊起天來，男士說：「西班牙語怎麼這麼喋喋不休啊，說起話來連我自己都覺得吵。」巴塞隆納人大多說著加泰隆尼亞語而非西班牙語，然而西班牙語也能通。遊走在兩個語言之間，對法國男士而言兩種語言，同樣都是音節多到嚇死人的語言，再仔細傾聽，男士話語裡透露的，其實是對兩種語言的珍愛。

此刻我忽然就想起那位可愛的旅行一段的朋友。聽著隔鄰的兩位西班牙女郎的歡聲笑語，感到格外有人陪伴著。「選好了嗎？」冰島服務生向我走來，眼前是一位非常甜美、氣質清新的女生，相較於巴黎到處都是充滿風格、講話帶著天生嫵媚或俊帥的巴黎服務生，出了法國，我感到另一種質樸之美，而冰島就是這股質樸中集大成的城市。如果說丹麥是清美自然系，冰島更有種混然天成的原野感。北國雄颯的風，艱難的氣候也吹去多餘的裝飾，整座雷克雅維克都像是森林中最低干擾的建築存在，即便是市中心，也有一種風吹草低見牛羊、不願離去森林太遠的生態感，這樣的城市魅力是絕世無雙的，在這樣的城市款待中，已經緩慢的我就更無時間感了。

「還沒，好難選啊。」我對著甜美馬尾的服務生笑著說著，之後我們開始展開親密地討論，關於菜單、餐廳怎麼推薦、這間餐廳平日有套餐但真可惜今日周六正好沒有，但我們來了新鮮的

雷克雅維克市街景──市中心充滿許多設計小店，從服飾到家飾都展現簡潔中帶著暖意的白色風情。

冰島餐館一角──吃完魚料理看看窗邊的小擺設，感受冰島櫥窗的妙趣無窮。

雷克雅維克市街景──沉思的雕像，佇立在城市街頭。

雷克雅維克市中心——可愛的藍色自行車，成為有趣的街景。

雷克雅維克市小餐館——奇異空間的小餐館，每個包廂都是一部電影。

魚喔、是菜單上的當紅推薦。「這種魚肉會硬嗎？」我隨便比了一個，甜美馬尾說：「多半不會，不過妳可以試試本日特餐的魚喔，煎起來特別香甜。」服務生又比了我唸不出名字的冰島魚。討論實在熱烈，那一剎那彷彿是同學間的打鬧了。「那就這個吧。」我沒有太大的意見，猶豫不決的打蛇隨棍上，東問西問也或許只是喜歡跟新朋友多聊兩句啊。

煎魚上的時候，還伴隨柳橙汁和沙拉，服務生對我拋了一個笑眼，遞出嘴型：「免費贈送。」我收下這份好意，啜飲清涼的柳橙汁，沙拉是清爽的橄欖油加海鹽，一口煎魚切下去，酥脆香甜，又保有魚的鮮美，這口不知道叫甚麼名字的煎魚真了不得！這餐冰島料理很好吃啊，難怪座無虛席。一邊吃的同時，玻璃窗外又圍著幾群往裡看的饕客了。

酒足飯飽離開店家，開始逛起琳瑯滿目的冰島家居店、服飾店。每間店都像寒冰洞，店裡五花八門的動物毛皮鋪在地上，有真有假，看著就像愛斯基摩人的山洞。冰島風格明顯與丹麥區隔，這裡更冷冽也更曠野，在這樣永晝亦永夜的國度裡，他們用白色度過一切風霜，奇妙的是在四處都是燭光溫暖下，白色的確顯出了太陽的溫度，讓一切變得暖和舒坦。

腳走走就感到疲憊，走回剛才一直注意到的一間很可愛的波西米亞風咖啡店，裡頭是全粉紅裝置的鄉村咖啡屋風情。喝下午茶的賓客多是女子，一窩一窩或坐或站，各圍在自己的小圈圈裡快樂著。我借過幾輪，來到最底的一個對座四人沙發坐下，拿出我的明信片開始寫信給遠方的摯友。正專心著，就聽見旁邊空位對坐下兩位女郎，熟悉的聲音再次傳來：是剛剛在煎魚餐廳隔鄰的西班牙女孩！真巧。這下我們三人聊起天來了，兩位女孩在巴塞隆納工作，趁著年度夏日大休假正好出遊，知道我在旅行，她們問起我的行程。其中一位女孩安琪聽到我到了馬德里就要離開西班牙，連忙哀嘆：「不不，妳一定要到安達魯西亞去，妳如果已經到了馬德里，那麼安達魯西亞城市妳一定不能錯過！」安琪家鄉正是安達魯西亞的塞維亞（sevilla），她問了我抵達日期，可惜那時她無法在家鄉招待我，我們互留臉書，約好到了塞維亞一定要跟她說。

道別後我將這件事牢牢放在心上，夜裡在海的床上，我訂下了馬德里到塞維亞的來回西班牙國鐵火車票，當時的我無法知道的是，這趟安達魯西亞旅程，將成為我這趟旅行中永誌難忘的一段生命之旅，在巴塞隆納錯過的佛朗明哥舞，塞維亞將通霄到天明！

三賞鯨魚・Puffin 島

翻越維京之海，從《金銀島》世界來到《冰島漁夫》紀元，波瀾海盜翻湧到北海之北，冰島海域一望無際，天色發亮倒映在透藍海岸，第一次我看到海水如鏡、翠藍如天。

第一次登船

每天我在自己的海之床上望著朝日、夕陽、永不黑暗的夜晚，便跟自己說：「一定要去海上看鯨魚！」賞鯨沒有專車，徒步可到，探著天色、夏日時節最好的賞鯨時間是早晨十一點到下午三點，我好整以暇準備漫步到港口，走著走著卻迷路了，google map 也幫不了忙，眼看再十分鐘就要錯過賞鯨船了。我急忙招手攔下經過的一輛轎車，問著開車主人港口在哪？駕駛座上是一位西裝筆挺的冰島男士，叫波諾，波諾知道賞鯨船只剩十分鐘就要開了，連忙要我上車、帶我追船去！

兩個大拐彎果然港灣就在眼前！海面透亮映現出陽光普照，港邊停靠的滿滿冰島捕漁船，一片海邊好風光。臨下車時冰島男士跟我約好若不嫌棄賞鯨完，再一起聊聊，我邊跑邊回頭說著：

「好啊！」帶著感謝揮別這位緊急中的救火隊男士，我匆忙奔向櫃台買了一張賞鯨票。櫃台裡正站著一位身穿藍白水手服的冰島青年，他笑容和藹、對著每個人展現慷慨笑意，潔白牙齒陽光下發亮，「我要買一張賞鯨票！」水手青年跟我說：「小姐，妳千萬不要錯過 Puffin 啊。」他指向櫃台外的立牌，圓圓的黑白色鳥頭正閃閃發光，紅色鸚鵡嘴短短的非常逗趣，原來 Puffin 是海鸚啊，匆忙間我買了這張賞鯨與賞 Puffin 聯票，賞鯨週間天天有、Puffin 船兩天開一次。港口上的船長已經扯開喉嚨在呼喚我了，「可愛的小姐快上車，鯨魚可不等人喔。」我登上了賞鯨船，展開生平第一次的賞鯨。

在台灣一直想去花蓮賞鯨卻總錯過的，最後在冰島登上了第一艘賞鯨船，命運有它深不可測的安排。賞鯨船一路開著，我先在一層船板的販賣部買了杯咖啡配著包堅果吃，一邊吃著一邊就看到桌上透明墊板下是畫著各式鯨魚的海報，訴說鯨魚的身世與種類。船搖搖晃晃、我開始感到不適，這艘賞鯨船開起來並不平順。

喝完咖啡我上到二樓露天船板，幾乎所有的遊客都在二樓坐著了，天色陰陰、海潮翻湧，開船前船長便廣播，早上那班賞鯨船海況不佳沒看到鯨魚，下午我們來碰碰運氣！可惜運氣還沒來，我的暈船先來了。大船一直在海上顛簸，一度我覺得人都要被拋到船外了，一個大浪打上二樓船板，船板上的人驚呼著，賞鯨船如今看來很像《白鯨記》裡的驚魂船了！兩個小時過去，連海豚

冰島尋 Puffin 船——引頸期盼的尋 Puffin 乘客坐在船板，期待見到紅嘴海鸚。

都看不見，船長廣播著船即將折返，我們一行人都要無功而返了。真是傷心，鯨魚我連個影也沒看見，就要下船了。更糟的是，暈船暈得很厲害、又什麼都吐不出來。

下了船後，我先到櫃台確認一下 Puffin 船是不是隔天下午開，腦海中快速決定如果是，下午的賞鳥船要一併放棄了。水手青年一邊答是，一邊問我：「賞鯨都愉快嗎？」我沮喪說什麼都看不到還暈船了。他露出惋惜的表情說著：「那真是太可惜了！妳明天再來，我們可以讓妳免費再登船一次。」什麼？真是太好了，可以再看一次。可惜我的喜悅趕不上胃恢復的速度，還是非常反胃啊。

沿著港邊走了一會，陽光溫暖地曬在身上，不一會兒就是剛剛匆忙間交換 WeChat 的冰島男士波諾傳訊息來了。他剛下班，可以來跟我一起坐坐。四點就下班，真早！波諾原來就在我經過的那間彩虹建築裡上班，是冰島國家科學研究院裡的工程師，工作時間是可以自由排休的，他特別提早下班來跟我小聊一下。我們一邊走著一邊去到他很喜歡的炸魚薯條店（fish and chips），正驚訝這不是一般英國常會見到的速食小店嗎？一口咬下去驚為天人，冰島怎麼這麼會料理魚啊！酥脆甜香、多汁芳美，這一口小物滋味滿點。工程師家就在港口附近，原來他還有另一個身分：冰島獨立歌手，出了兩張專輯、喜歡彈電吉他，波諾已經離婚了，有一個十七歲的大女兒和一個八歲的小女兒，有趣的是小女兒正在學中文，我和小女兒視訊了一下，實在是每一句中文都聽不懂啊，如果父母都不會中文，學習中文果然還是很高的門檻！但小女兒勇氣可嘉，我努力猜著她的意思。她自我介紹，她的中文名字叫「海海」，因為她小名叫 ocean（海洋），我實在很高興遇到會說中文的歐洲小女孩，讓我想到不久前才剛在巴黎揮手道別的學生們，不過緊接著就是聽不懂中文五百句啦！陽光燦爛的笑顏，恍惚中我聽出她想跟我說七仙女的故事，海海真了得。這個傍晚因為有了波諾和海海的可愛互動，暖和了早上沒看到鯨魚的沮喪，波諾載我回到青年旅社，沿路介紹著他的冰島人生。我問著小女孩知道父母離婚嗎？波諾說：「知道，這很平常，父母離婚不影響對子女的愛。」我腦中浮現了幾張純真的臉孔與眼淚，但願天下所有的小孩都知道，離婚並不影響父母對他們的愛。

冰島的夕陽好長，三個小時的夕陽，好像小王子會去的星球。我在夕陽中翻來覆去，感覺海水再一次蔓延在我整張床，潮汐一陣一陣打上來、又退下去，只剩碎裂的浪花。

第二次登船、Puffin 島和冰島魚湯

二次賞鯨

再次來到鯨魚櫃台窗口，水手服青年一見到我就開朗打招呼，他除了幫我的票蓋章外，也隨手從抽屜裡拿出一顆止暈藥，真是太好了。我吃下了止暈藥，像卜派水手吃了菠菜，信心滿滿登船去了。船艙裡傳來船長廣播：「今天風浪平靜，很有希望看到鯨魚！」我登上船，這次船艙餐室也不去了，直奔二樓賞鯨去！一路大海乘風破浪，今天船上的遊客們個個看來都面色紅潤、福泰飽滿，托大家的福我應該可以看到鯨魚吧。

大海上船不斷航行，陽光普照氣候非常宜人，船的兩側都有可能出現鯨魚，我一下左一下右其實也不知道哪一邊中獎率高。就在一個不留神間聽到了眾人驚呼，聽到有人說著遠方、非常遠方、遠到只能看到一個小圓點的地方出現了一個鯨轉身，而我卻正在船的另一面探頭探腦？再一次四個小時的賞鯨船，我連海豚都沒看見，就無功而返了！回到岸上，仍然感到輕微頭暈，暈船藥有效，但沒那麼萬能。

櫃台的水手青年看到我上岸經過，又叫住我：「嘿，今天有看到鯨魚嗎？」我沮喪說著：「沒有！」「什麼？沒有！那妳明天再來，我再讓妳坐一次。」我不敢相信看向水手服青年，真的可以嗎？他對我眨了眼睛，示意我不要太張揚。「沒問題的，妳來。」水手青年張開皓齒笑顏，我帶著一點暈船的醉意，走向港口餐廳，開始計畫第三天的賞鯨船日程。港口餐廳對著大海飄盪，我點了鮪魚三明治和清爽的沙拉，度過海島一餐。離去Puffin島還有兩個小時的時間，在港口邊無所事事的看海，真是消磨冰島時光最好的方式。

Puffin島

在毫不期待下，我登上了Puffin船。燦亮的港口上一艘迷你小艇停靠在岸邊，顯得異常嬌小。這艘可愛的小艇就是Puffin船了。木造小船可乘載二十二人，大鬍子船長完全像電影鐵達尼號船長的翻版，帶著船長帽在船頭等著。我是最後一個上船的，這艘船坐著半滿的乘客，船上有個小小的船室斗篷，上船後我先到斗篷裡晃盪，船開啟，我坐在斗篷裡翻著桌上的Puffin相簿介紹，這種有著企鵝身型的紅嘴海鸚鵡，是冰島獨有的鳥類，模樣非常可愛。

我一邊翻著攝影集，一邊船長就來熱情招呼了，船長已經服務Puffin船快三十年了，他對

Puffin 充滿熱情。我一邊聽著船長說明 Puffin 的特性，一邊看著水手控制十字舵船槳，這艘冰島二十五人的小艇也很像越南香江上的小艇，海的遼闊四通八達，海上子民各自有風景，不變的是對人生探索的渴望。船行四十分鐘就到了島了。大鬍子船長拿了望遠鏡給我，我走到小艇最前面，匍匐趴下。小艇上的其他遊客優雅地端坐著，而我已經在船長的俏皮指示下，趴在船頭如同划龍舟準備摘下旗子的旗手，拿起望遠鏡瞄向島上每一隻正洗澡、互啄、或飛翔著的 Puffin。這座小小的島上有著近兩百隻的 Puffin 鳥，獨特的 Puffin 島生態，島上並無太多其他動物。第一次如此接近一座生態島，賞鳥樂趣原來在於匍匐靜凝，一點點移動彷彿都會打擾島上的安靜，此刻 Puffin 小艇引擎已經熄滅，我們守在這座小島上，與 Puffin 們一同呼吸在一樣的頻率裡，世界靜縮成一顆小小的鏡頭，鏡頭裡是無垠的 Puffin 島，和驚喜到屏息呼吸的心跳。

過了彷彿一世紀之久，引擎再次啟動，我重新回到鳥以外的世界。大海靜默，海上波光盪漾，晴日裡離海這樣近，北海風情有著冰透晶亮的純淨，海顯得格外輕盈。回到岸上前，我和大鬍子船長和水手舵手拍了照，大鬍子船長從船艙裡變出一張 Puffin 海報送我，我帶著天涯盛情回到岸上，已是夕陽時分。海上的夕陽，是燃燒天際裡的魔幻時刻。

冰島魚湯

經過多日的港邊冰島魚湯，終於有個剛剛好的時機可以進去了，兩層樓木屋的魚湯餐廳，招牌食物是熱呼呼的冰島魚湯和酥脆的吐司麵包。粉藍色和嫩黃色牆壁將這間魚湯餐廳潑灑得童趣可愛，人實在高朋滿座，我捱著人群上了二樓，終於在一張長桌上找到一個併桌位子。餐廳走家庭式風格，用餐座位都是一張大長桌所有人圍著長桌喝湯，我在一對可愛的母女前面坐下，奇妙的是滿室都是人、闔家大小老老幼幼的在地冰島人，但是聲量極小。多數的人專注地喝著湯不發一語。我對面的小女孩真是一位太不可思議的小女孩了，年紀看來只有五歲不到，用湯手勢非常嫻熟，喝湯毫無聲響、舉止非常優雅。看她一心一意喝湯的樣子，簡直就像奧黛麗赫本《羅馬假期》裡的公主在喝湯了。小女孩母親和她一樣優雅，母女喝完湯，母親對女孩望了一眼，小小聲彷彿在說：「走囉？」小女孩點點頭，母女倆對我微微笑離開了魚湯餐廳，這真是難忘的冰島風景，和冰島魚湯熱騰香濃的番茄甜香一樣令人溫暖。魚湯屋營業到晚上八點，我是最後一批客人，喝完湯漫步在剛剛下船的港口邊，冰島夜色透著太多深情，這永晝亦永夜的北國，如詩亦如畫！我想起金剛經的句子：「如幻朝露或水泡，如夢閃電或雲彩」。我在畫中，畫亦看我；我的親友都在遙遠的南國，而我在北國彷彿被真空拋擲在外太空般地，夢境中喝著魚湯。

冰島魚湯——高朋滿座的冰島魚湯，溫暖海洋子民的胃。

冰島魚湯——喝著魚湯寫下一張又一張的明信片，這種時刻格外感受到自己是一個人在旅行了。

冰島港——窗裡映照的港口，良辰美景都像海市蜃樓。

三登賞鯨船

三度來到賞鯨漁港，像是永劫回歸裡重複著生命中不可承受之輕，如今要再次向北海出發。海象良好、遊人如織，賞鯨船甲板上再度坐滿期待看到鯨魚的遊客。一路航行我們開始看到海豚跟隨，接著是海豚家族飛躍，然後是數個海豚家族圍繞著鯨漁船，船長正用著廣播隆重介紹這些海上的海豚朋友時。忽然一個大水噴上甲板，船身一點點擺動，我緊握扶把，就在我前方不遠處，一隻巨大的鯨魚躍出水面又潛入，完美的鯨魚尾巴就這樣美妙的騰空迴旋、再度沉入海裡。鯨魚實在太巨大，遊人們都忘了歡呼，各種手機、攝影快門聲不斷按下，直至鯨魚潛入，大家才紛紛鼓掌、慶祝眼前一幕。接著又是浩蕩的海豚秀，碧藍海上陽光通透，這艘幸運的賞鯨船載著滿滿的遊客，我夾雜在人群中眼眶濕潤，不知道是因為第三次終於看到的艱難，還是對海洋與鯨魚的敬畏，鯨魚是海上的龍貓，我們都像是搭乘著宮崎駿午夜夜車的小女孩，終於等到了對大自然的驚鴻一瞥。這一次鯨魚就在我眼前躍起又翻身，我感謝冰島大海給了我永生難忘的巨鯨轉身。海是搖晃的，然而再大的起伏，都比不上此際內心的波瀾壯闊。回到岸上，我漫步回民宿，海天遼闊，冰島的海再次成了夜裡的搖籃曲。

冰川之旅

清晨天陰陰，微雨中我坐在民宿龍貓亭等著另一間旅行公司的娃娃車，這一次是四十人的遊覽車，我們即將前往即便夏日都還是冰川滿布的冰島冰川原。車行更北，一路車程三小時，導遊是一位盡責的女性在地冰島人蘇菲娜，蘇菲娜有著控管時間的壓力，每到一處她總是匆匆盯著手錶，在大家都順利上車後鬆一口氣，然後比出大拇指給大家讚。雖然是臨時組成的一日行隊伍，或許是因為大巴士的遊覽車空間和導覽女士的帶隊方式，我感到自己還是參加了一個策畫縝密的旅行團，比起之前鮑伯一人自駕的家庭式旅遊，我略略有了搭上軍事紀律隊伍的團隊緊湊感。

我們沿途停靠幾座樹林、小小的野生花園，然後停在一個恍如火星表面的青苔地。蘇菲娜帶著我們在乾旱的岩石間裡看低矮的苔蘚，撥開苔癬裡面是一欉欉的藍色野莓。蘇菲娜拔下野莓讓我們分著吃，莓果芳香吃起來青澀，有種野生的生猛。口裡回味著莓香，我們繼續在雨中向前進。離開雷克雅維克市的冰島，舉目都是荒草苔地，冷冽的氣候讓夏日裡的冰島，也不似歐洲花園般的色彩鮮豔，冰島是帶著森林與草香的極地星球。蘇菲娜說著，「你們遊客可能會覺得我們冰島人很冷漠，臉上總是不苟言笑，那也是真的。因為氣候實在太嚴峻了，尤其冬天更是永夜，沒有太陽的日子冰島人都患上冬日憂鬱症，我們習慣把情緒藏在心裡，得了過度嚴肅的病。」蘇菲娜說的冰島人性格，實在跟我連日來在冰島上感受到的溫暖開朗大相逕庭啊。也許是因為此刻正是

冰島冰川——響導從冰川上撈了一塊冰來請我們吃，比臉還大的冰頓時成了遊客的拍照入鏡良友。

冰島歡慶的永晝時節，太陽慷慨地贈送長日，也許因為我是個無傷大雅的遊客，冰島人有了放鬆心情的閒談時刻。然而我亦深信，氣候是如何影響了一個民族的性格與情感。我想起每年巴黎只要到了三月，大家就開始引頸期待，春日的暖陽季節一到，麵包店前臨時擺出的露天座椅就攤上幾個人曬太陽了，即便午後細雨立刻又得將露天座椅收下，大夥也是慶幸這個上午偷得了片刻陽光。陽光無價、陽光有曬無類，陽光也是世間無常的導師。

不覺間，冰川終於到了。原來蘇菲娜這麼趕的原因，是因為冰川船開船有時間限制，趕不上就只能擇日再訪了。我們先穿上救生衣登上小舟，三十分鐘後到了大河，再登上大船來到冰川。遠方終年雪山與冰川遙遙相望，冰川中浮現各種晶瑩剔透的冰角，藏在冰角下的是十分之九的體積，我想到鐵達尼號著名的撞冰山，當看到冰山船底早已刮破了大洞。此刻我們在冰川與冰湖間航行，沒有冰山的威脅，但有寒氣逼人。船長隨手鏟了冰川上的冰給我們吃，我吃著冰島冰川的冰，覺得此際晶瑩剔透的冰實在很適合配上台灣的挫冰配料。冰川十分美麗，結冰後的一切都顯得純淨，雖然遙遠，但我很高興自己來到了冰川原，和這群素昧平生的歐洲遊客，一同來冰島吃冰！

回程的天色不知不覺就暗了下來。細雨遮去夕陽，永晝的天也會進入暮色寶藍。在寶藍天空下旅行巴士就停在雷克雅維克市中心，我再度沿著海岸漫步，冰島我還沒離開，就已經開始眷戀天色了。

賞鯨售票亭——因為賞鯨不成功，三度來報到的亭子。

藍湖溫泉（BLUE LAGOON）

惦著機場遇到的丹麥少年建議，我訂了晚上八點才從民宿接駁的巴士。一個小時車程，沿路向冰島機場駛去。夜裡的冰島郊區、岩石在月光下閃閃發亮，沒有白天的陽光照耀，月光下的荒蕪更讓人感到彷彿降生月球。岩石貧瘠、草木不生，向荒涼駛去，今夜要到海底溫泉去。

記得多年前冰島正值破產危機，台灣電視新聞瘋狂報導正是去冰島旅行好時機，電視裡就出現藍色的海底溫泉，讓當時電視機前的我心生嚮往。多年過去，當自己終於有機會隻身來到冰島，朝思暮想的自然是藍湖溫泉。

一個小時後，巴士停靠在月球荒涼的洞口。極簡的巴士亭下車後，先走到對面巴士站確認回程車開到幾點，最後一班巴士果然是半夜一點五十分，真是太好了，看來可以悠悠哉哉泡上好一陣子了。回程巴士站旁就是藍湖溫泉入口了。立起來大大的岩石書上寫著BLUE LAGOON，岩石與書更像是外星球的某個神奇基地。進入藍湖步道，沿路仍是貧瘠岩石，地上微微打著橘黃燈光，一路探進山路，猛一抬頭就看見整棟落地玻璃屋、挑高如同山勢的摩登現代主義建築，傲然眼前。

藍湖溫泉入口——穿過恍如月球表面，來到藍湖溫泉口。

九點時分，藍湖溫泉的進場人數仍然非常多，我們魚貫排隊進入，我拿到如同台灣三溫暖的

矽膠手環鑰匙圈，進入女眾更衣室。更衣室現代奢華、整體建築充滿冰島時尚，我換上行李箱裡唯一的一百零一件下水泳衣推門向池子去，一推開門眼前是華麗的三個大池子風景。遠山月球岩丘環繞，池裡充滿一落落嬉戲人潮，池裡水氣蒸騰、藍色裊裊，充滿魔幻。正對門大池裡有正嬉戲悠哉的人群、仰泳忘我的人群，中間的池子立著一個酒吧，可以買酒在池中喝，也有調勻好的火山泥面膜可以塗抹，用手環感應條碼就可以連結到櫃台紀帳，可以在出口時自動結帳，非常方便。

我入境隨俗的買了一坨面膜泥就往臉上抹去，中池裡的人都是白面狂歡的模樣，等到二十分鐘後面膜差不多乾了，就可以在水池裡洗去，繼續感受藍海溫泉的火山魅力了。另一池水裡有SPA按摩椅、沖水水柱，庭院造景小橋流水，氤氳中更見月色迷濛，藍湖溫泉夜裡來果然別有妙趣。很感謝飛機上丹麥少年特別提醒我夜裡到啊，他說著：「九點以後到好，人不多很舒服。」眼前這樣美麗的藍色溫泉，夜色裡更像廣華月宮，嫦娥的澡盆大概也像這樣仙氣飄飄吧。

一邊泡著溫泉眼前一邊閃過自己這一路來的泡湯之旅，從捷克的喝溫泉小城，再到布達佩斯的城裡城外天天池裡池外下湯溫泉，最後來到冰島的藍湖溫泉，這一路上順溫泉而「游」歷，不只台灣是溫泉國家，歐洲也是處處都是溫泉仙境，只是歐洲的溫泉池水大多不時興熱，溫溫不慍不火的待著，不喜歡喝熱開水的歐洲人，也不流行泡熱騰騰湯池呢，這如果是我們台灣北投阿嬤、宜蘭礁溪春和溫泉的泡湯能手，一定會覺得簡直好比走進腳底按摩店，最後卻只是摸摸腳般的不甚盡興，需要穿泳衣這點也會令人感到不夠爽快。但是啊，那些伴隨溫泉的豪華置物櫃、更衣間，泡在或各種山色、或典雅建築裡的泡湯經驗，還是讓湯池中的我忍不住向大歐洲繁盛致敬了！

湯池裡人越來越少，已經只剩下小貓七、八隻了，這片獨享的溫泉海域，泡起來格外風情。看看時間已經午夜，我開始上岸盥洗，等一切更衣完畢、才發現我算錯時間，唉呀！提早上岸一小時了，真是令人扼腕！我這麼早上來做什麼呢？但頭髮都吹好了，再回湯池又顯得勞師動眾無濟於事。接下來的時間，我隔著玻璃落地窗看著池裡悠哉泡湯的小貓幾隻，哀嘆自己沒有泡到的一小時。等時間差不多了，我走出湯池部，門口販賣部裡很多販售冰島藍湖溫泉的保養品，包裝都十分精美，購物不是我的強項，欣賞完藍湖購物部後，就走出這座奇妙的溫泉世界了。

凌晨的月光依舊美麗，寶藍天空下走上來時的岩石路，走了第二回，同樣的路也親切起來。公車亭已經有一群遊客在等著了。近凌晨兩點的巴士從遠方緩緩駛來，這輛巴士溫柔地將每個人都送到旅館正門口，輪到我回到旅館時已是半夜三點半了。我輕手輕腳走上二樓，打開房間門，半圓弧落地窗的海迎面而來，看得到海浪翻湧、聽不見海潮聲。在寂靜、真空的小木屋裡，同房的暫時旅伴們都睡了，我望著其中一個空著的床位、棉被慵懶攤開，不知道主人今夜到哪裡去探險了。爬上最裡面二樓的床鋪，拉上棉被閉上眼睛，床這麼靠近海，夜色這麼美麗，就要告別冰島了，這片海何時能再相見？

冰島藍湖溫泉——背山包圍的海底溫泉，腳趾一勾就會觸摸到滑滑的泥沙。

最後一夜的北海

最後一日冰島，曾經在清晨五點坐在半船帆型大廳看著薄暮的海天一色，直到六點半大廳吧台營業燈亮才忽然感到肚子餓慌，急忙點上咖啡和可頌。如今這座大廳夕陽時分已被照得晚霞斑斕，大廳裡坐滿各式休憩的旅者如同小型機場。此際我的電話忽然響起，波諾來電，他問我是不是明天的飛機，他還有一點時間想來載我去個地方，我坐上轎車後感受他疾馳如風，忽然有那麼一刻感到自己是否過於輕忽，如果此刻他把我載到哪個地方賣掉，我肯定脫逃無望。幸好念頭不用折磨太久，車子前方是海的盡頭，燈塔矗立，夕陽正層層疊疊發出火紅帶著亮澄的光，我們下了車，海浪一陣一陣耳畔翻滾，波諾的小女兒被前妻接走了，手機裡小女孩穿著桃紅色棉T恤，圓滾滾的可愛肚子非常顯眼，這是一段預錄好的話，海海向我道別、祝我旅途平安。波諾說著有緣相聚，他想來跟我親自道別，想載我到雷克雅維克市最北的海、看看燈塔，夕陽下我被這份心意烘得暖暖的。

回到民宿小木屋，我在廚房簡單料理，向這些日子哈囉來哈囉去的旅人們說再見。明日一早，我將離開這間可愛的仿如宇宙之海的民宿，這間半圓弧星船民宿，遠比照片要令人動容萬分的旅館，還有美麗的冰島，望君千里終須一別。我望向海，彷彿又回到那一年在菲律賓即將離開時，

島上的青年熱情唱歌送我的情景，生也有涯、旅也無涯，被拋擲的人生一直都在旅行途中左顧右盼，而這些留在心中的風景，將永遠不會褪去，只會越來越濃縮成鑽石般的光點，在寂寞孤單時，成為閃耀的火種，不斷安慰旅人的心。

冰島夕陽——長達三個小時的夕陽，小王子在這裡應該會非常滿足吧。

清晨機場

又是一個清亮的早晨，海迎風搖曳，我在暮色中坐上民宿巴士又回到了前往機場的雷克雅維克市市中心巴士站，當日告訴我 24 TO 24 的小哥不在櫃台上，換成一位戴著眼鏡的鬈髮女性，正專心為一對歐洲夫妻講解地圖。初來的記憶令人暖和，臨走的回眸亦珍藏心裡，彷彿昨日才來到冰島，如今我即將前往旅程的下一站，謝謝這些沿路款待的風景、各種因緣湊巧的人事物啊，我感覺我是千里來遇這些人的，而旅程還在持續。倫敦、馬德里的機票還在手機 App 裡，安達魯西亞的通霄達旦即將開張。一趟航向未知的旅程還在進行中，探索的腳步在心上敲打，天涯、歸途，始終奔放在路上。

旅行從來都是自己的事，一個人旅行是達到和自己相處的極致，空氣中的風、城市中的陽光，都是陪伴自己的朋友。在這樣的行走中，不用記掛身旁人的情緒，無須分心，只需要好好感受自己的存在。在旅行中漫舞、與人相遇，在旅行中重生、珍愛自己。行住坐臥、鬆緩安住，天地之間說到底，都是一個人的旅行。我還在路上，但又好像已經旅行好久了。

凌晨五點半飛機起飛，機艙外的曙光，一路迎接探險的旅人，一切時間在宇宙間靜止下來，我加快腳步登上廉價航空。望著飛機窗底下的一切，感受心跳有種騰空的飛翔，不禁在筆記本上寫下：「沒有餘裕應該行色匆匆，鏡花水月都成對影，一切記憶都將永恆。」

下一站倫敦、馬德里、安達魯西亞、羅馬、海上威尼斯，我們即將用什麼樣的面貌慶祝相會呢？

愛　生　活　　071

旅行一瞬：捷克、匈牙利、丹麥、冰島的行旅剪影

國家圖書館出版品預行編目（CIP）資料

旅行一瞬：捷克、匈牙利、丹麥、冰島的行旅剪影 / 余欣蓓著．攝影．-- 初版．-- 台北市：健行文化出版事業有限公司出版：九歌出版社有限公司發行，2023.05
面；　公分．--（愛生活；71）
ISBN 978-626-7207-20-8（平裝）

1.CST: 旅遊文學 2.CST: 世界地理

719　　112002367

作　　者——余欣蓓
攝　　影——余欣蓓
封底攝影——方文萱
責任編輯——曾敏英
發 行 人——蔡澤蘋
出　　版——健行文化出版事業有限公司
台北市 105 八德路 3 段 12 巷 57 弄 40 號
電話 / 02-25776564・傳真 / 02-25789205
郵政劃撥 / 0112263-4

九歌文學網　www.chiuko.com.tw

印　　刷——前進彩藝有限公司
法律顧問——龍躍天律師 ・ 蕭雄淋律師 ・ 董安丹律師
發　　行——九歌出版社有限公司
台北市 105 八德路 3 段 12 巷 57 弄 40 號
電話 / 02-25776564・傳真 / 02-25789205

初　　版——2023 年 5 月
定　　價——450 元
書　　號——0207071
I S B N——978-626-7207-20-8
9786267207215 (PDF)

（缺頁、破損或裝訂錯誤，請寄回本公司更換）
版權所有 ・ 翻印必究　　Printed in Taiwan